D1928621

6

CAROL DE SECONDAT BARO DE MONTESQVIEV

Montesquieu

dargestellt von Helmut Stubbe-da Luz

Rowohlt

rororo

rowohlts monographien begründet von Kurt Kusenberg
herausgegeben von Wolfgang Müller und Uwe Naumann

Redaktionsassistenz: Katrin Finkemeier
Umschlaggestaltung: Walter Hellmann
Vorderseite: Montesquieu. Die Marmorbüste von J.-B. Lemoyne.
1768 der Akademie von Bordeaux überreicht.
(Foto: Musée des Arts décoratifs de Bordeaux)
Rückseite: Titelblatt der Genfer Originalausgabe des Werks
«De l'esprit des lois».
(Archiv für Kunst und Geschichte, Berlin)
Frontispiz: Die 1752 von Jean Dassier gefertigte Bronzemedaille
hat den meisten Montesquieu-Darstellungen als Vorlage gedient.

Originalausgabe
Veröffentlicht im Rowohlt Taschenbuch Verlag GmbH,
Reinbek bei Hamburg, September 1998
Copyright © 1998 by Rowohlt Taschenbuch Verlag GmbH,
Reinbek bei Hamburg
Alle Rechte an dieser Ausgabe vorbehalten
Satz Times PostScript Linotype Library, QuarkXPress 3.32
Gesamtherstellung Clausen & Bosse, Leck
Printed in Germany
ISBN 3 499 50609 2

Inhalt

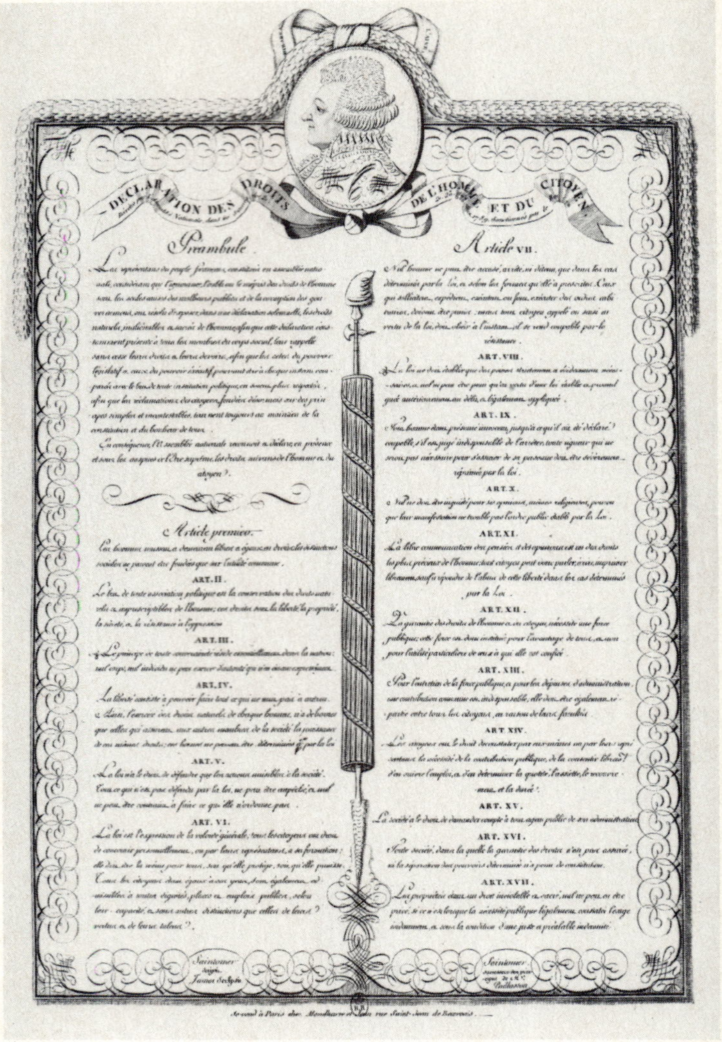

Gemäß der «Erklärung der Menschen- und Bürgerrechte» hat jedermann Anspruch auf ein politisches System, worin die Gewalten (zumindest) des Staates geteilt sind.

Der Baron de la Brède et de Montesquieu: ein Aristokrat als Cheftheoretiker der Gewaltenteilung?

> «Eine Gesellschaft, worin weder die Rechte garantiert noch die Gewaltenteilung festgelegt worden ist, hat keine Verfassung.»
>
> Art. XVI der Erklärung der Menschen- und Bürgerrechte, 27. August 1789

Montesquieu ist schon seit langem auf ein Symbol reduziert worden. Im Vorwort zu seiner großen Studie *Vom Geist der Gesetze* (1748) hat er zwar darum gebeten, *nicht auf Grund einer flüchtigen Lektüre über ein Werk zu urteilen, das der Ertrag zwanzigjähriger Arbeit ist.* Doch das Schicksal eines Buchs wird von seinem Publikum bestimmt. Fällt Montesquieus Name, stellt sich meist ausschließlich die Assoziation zu Legislative, Exekutive und Judikative ein, den drei Staatsfunktionen der Gesetzgebung, der Gesetzesausführung und der gesetzesgebundenen Rechtsprechung. Montesquieu gilt traditionell als Cheftheoretiker der Gewaltenteilung im «abendländischen» Verfassungsdenken. Und liegen Verdienst und Bedeutung dieses Philosophen der Aufklärung nicht tatsächlich in der Hauptsache darin, daß er die heute in Frankreich und Deutschland, in England und den USA und in vielen anderen Ländern als unverzichtbar geltende Aufteilung der Staatsfunktionen empfohlen hat? Ist dieser Großgrundbesitzer, der hohen Wert auf die herausgehobene Stellung einer Geburtselite und die Käuflichkeit öffentlicher Ämter legte, damit zugleich auch ein Cheftheoretiker der «westlichen Demokratien»? Zunächst muß der Versuch unternommen werden, das Symbol Montesquieu ins rechte Verhältnis zur Gestalt und zum Werk zu setzen: Was ist unter Gewaltenteilung zu verstehen? Was haben Gewaltenteilung und Demokratie miteinander zu tun? Worin bestehen Montesquieus Verdienste als Theoretiker und seine Wirkung als Symbol, und wie hängen Verdienste und Wirksamkeit miteinander zusammen?

Gewaltenteilung ist eine Methode zur Machtbegrenzung. Ihre Notwendigkeit wird hergeleitet aus einem realistisch-pessimistischen Menschen- und Gesellschaftsbild: *Es ist eine ewige Erfahrung*, schreibt Montesquieu, *daß jeder, der Macht hat, ihrem Mißbrauch geneigt ist: er geht so weit, bis er auf Schranken stößt.* Um Machtmißbrauch zu verhindern, müsse aufgrund *einer Ordnung der Dinge*, das heißt aufgrund einer Verfassung, *die Macht der Macht Schranken setzen.*[1] Jede Konzeption einer Gewaltenteilung umfaßt notwendig drei Schritte. Zunächst werden unterschiedliche Funktionen eines Staates analytisch voneinander getrennt. (Ein Staat sei das Institutionengefüge, von dem aus oder mit dessen Hilfe über die Gesellschaft im betreffenden Staatswesen Herrschaft ausgeübt wird.) Sodann können diese Funktionen unterschiedlichen Staatsorganen zugeordnet werden (formale Gewaltenteilung oder Gewaltentrennung). Schließlich können Regeln folgen, die festlegen, daß die unterschiedlichen Organe mit ihren bestimmten Funktionen – ganz oder teilweise – nur von bestimmten, unterschiedlichen Kräften der Gesellschaft besetzt werden dürfen. Handelt es sich dabei um relativ geschlossene, kontroverse Interessen verfolgende Stände, Klassen oder Gruppierungen, dann kann – zusätzlich zu der analytischen und der formalen – von einer «materialen» oder «echten» Gewaltenteilung gesprochen werden.

Schon vor Montesquieu hatten politische Denker staatliche Teilfunktionen, unterschiedliche Institutionen und auch gesellschaftliche Kräfte miteinander zu Modellen verbunden. Bereits Aristoteles stellte die «die gemeinsamen Angelegenheiten beratende Gewalt», die Verwaltungsbehörden und die Rechtspflege nebeneinander.[2] Der Engländer John Locke, Zeitgenosse der zum Teil kriegerischen Auseinandersetzungen zwischen König und Parlament vor der Glorreichen Revolution (1688/89), ging von einer potentiellen Souveränität des Volks aus, die freilich nur dann zu Aktualität gelange, «wenn die Regierung aufgelöst» sei.[3] Diese Regierung – angeblich aufgrund eines «Gesellschaftsvertrags» zustande gekommen – teilte Locke ungefähr gleichgewichtig in Legislative und Exekutive auf. Die Legislative erhielt einen Vorsprung durch ihre Kompetenz, Gesetze zu machen, deren Ausführung dann der – insofern nachgeordneten – Exekutive oblag. Diese wiederum fiel stärker ins Gewicht durch ihre Kompetenzen der «Föderative» (zur Gestaltung der Außenpolitik) und einer generellen «Prärogative», der Vollmacht, überall dort eigenständig zu entscheiden, wo eine gesetzliche Regelung noch nicht

Der Engländer John Locke hatte schon
vor Montesquieu ein Gewaltenteilungsprinzip formuliert.
Gemälde von Sir Godfrey Kneller, 1698.

vorlag. In die Legislative sollten sich der erbliche Monarch, die «Versammlung des Erbadels» (Oberhaus) und die gewählte Volksvertretung (Unterhaus) teilen. Die Exekutive dagegen war hier – bis auf wesentliche Teile des Etatrechts – dem Monarchen reserviert. Selbst unter der (in England seit 1689 gegebenen) Voraussetzung, daß die jeweilige Dynastie vom Parlament eingesetzt würde, wog in Lockes System die tatsächliche Souveränität des Monarchen schwerer als die theoretische Souveränität des Volks; dieses wurde nur mit einem Widerstandsrecht ausgestattet. Locke hatte eine «gemäßigte Monarchie» konzipiert, die in der Realität Englands eine gewisse Entsprechung besaß.

Die Gewaltenteilungslehre John Lockes sei einfach, «verglichen mit der sehr differenzierten Teilung der Gewalten bei Montesquieu». Dieses Urteil stammt nicht von einem Biographen Montesquieus, sondern von Walter Euchner in seiner Einleitung zu Lockes «Zwei Abhandlungen über die Regierung» von 1690.[4] Montesquieu hat Lockes Ansatz vor allem durch eine gesonderte Berücksichtigung der Judikative und durch eine geschichtsphilosophische Einbettung erweitert: Mit gewaltenteilenden Arrangements könne einem regelmäßig zu erwartenden Verfall von Monarchien zu Despotien Einhalt geboten werden. Die Theorien des Gesellschaftsvertrags und der Souveränität des Volks jedoch fanden in seine Konzeption keinen Eingang: Sie basiert auf der ständischen Gesellschaft, verteilt Macht und Staatsfunktionen auf Monarch, Adel und Bürgertum; der Adel – nach aristotelischer Manier als «Mittel-Stand» herausgehoben – ist ihr Dreh- und Angelpunkt.

Die vom Bürgertum getragene «atlantische Revolution» in Amerika und in Frankreich bildete den Ausgangspunkt für eine imposante Karriere gewaltenteilender Verfassungsregeln. Auch griffen die Verfassungsgeber dabei ausdrücklich und vor allem auf *Vom Geist der Gesetze* zurück – ungeachtet seiner aristokratischen Intention. Und obwohl spätere Kritiker das berühmte 6. Kapitel des XI. Buches über die Verfassung Englands und über die Gewaltenteilung für nicht stärker als viele andere gehalten haben[5], und obwohl es – unter den Aspekten der Entstehung und der Gedankenführung – sogar als ein Fremdkörper in Montesquieus Hauptwerk betrachtet wurde[6], begann die Rezeption genau dieses Kapitels schon bald, den Verfasser in den Hintergrund zu drängen. Dessen Gestalt und auch sein Gesamtwerk wurden zunehmend von einem Symbol überragt – ein freilich nicht ungewöhnlicher Vorgang, dessen Mechanismus Montesquieu wohl bewußt war: *Zuerst verschaffen die Werke ihrem Schöpfer, später dieser seinen Werken Ruf.*[7] Das Symbol verselbständigte sich und dient seit langem schon zur Etikettierung sowohl des gesamten Phänomens Montesquieu als auch von Maßnahmen der Gewaltenteilung im staatlichen Bereich ganz allgemein – unabhängig von den jeweiligen Rahmenbedingungen und Details.

Als Folge der bürgerlichen Revolutionen wurde die Souveränitätsvermutung vom (angeblich) gottgewollten Monarchen auf (angeblich) vom Volk legitimierte Repräsentanten übertragen. Diesen Prozeß hat besonders deutlich Bertrand de Jouvenel charakterisiert, der sich in der Tradition Montesquieus betrachtete: Aus der «Theokratie» der Könige wurde die «Demokratie» der Parlamentsabgeordneten.[8] Das gesellschaftliche «Material» für eine Gewaltenteilung im Sinn Montesquieus, die Stände, wurde durch die Reduzierung von

Adel und Klerus auf den «Dritten Stand» des Bürgertums allmählich beseitigt. Die damit verbundene Gleichheit der Staatsbürger war von den absoluten Monarchen vorbereitet worden – als Gleichheit ihrer Untertanen. Ist eine Teilung der von der Souveränität des Volks hergeleiteten Staatsgewalt dann noch notwendig oder gar berechtigt? So haben seither manche Demokraten gefragt und sich dabei auf Rousseau berufen. Kann eine bloß formale Gewaltenteilung Machtzusammenballungen verhindern, und können diese nicht auch bei den Volksvertretern entstehen? So haben seither manche Liberale gefragt und sich dabei auf Montesquieu berufen. Diesem war klar, daß nicht überall dort, wo Wahlen abgehalten werden, bereits Demokratie verwirklicht ist: In der Demokratie seien *die das Stimmrecht regelnden Gesetze von grundlegender Bedeutung. Hier ist es genauso wichtig, zu bestimmen, wie, durch wen, und worüber abgestimmt werden soll, wie in einer Monarchie, zu wissen, wer der Monarch ist und wie er regieren soll.*[9]

Benjamin Constant hat 1814 sowohl das Ideal der Volkssouveränität als auch das Rezept der Gewaltenteilung relativiert. Zunächst hob er eine Montesquieu und Rousseau gemeinsame Überzeugung hervor: In einer Demokratie sei das Volk abwechselnd Herrscher und Untertan.[10] Aber ein Gleichgewicht zwischen diesen beiden

Benjamin Constant, Zeitgenosse Napoleons, warnte vor einer «Koalition» nur formal getrennter Gewalten.

Rollen sei – so Constant – nicht vorhanden: Für jede Staatsmacht sei es ein leichtes, das Volk dauerhaft als Untertan zu unterdrücken und es auf diese Weise zu zwingen, als Eintagssouverän genau den von ihr gewünschten Willen zu bekunden. Dieser Einwand richtete sich gegen das Symbol Rousseau. Allerdings bestehe diese Gefahr auch dann, so ergriff Constant anschließend die Partei des politischen Denkers Montesquieu gegen das Symbol Montesquieu, wenn die Gewalten bloß voneinander getrennt wären. Sei die «Gesamtsumme der Macht» unbegrenzt, ginge also die Legitimation der Teilgewalten von ein und derselben umfassenden Instanz aus, dann brauchten diese allein organisatorisch, aber nicht gesellschaftlich geteilten Gewalten «nur eine Koalition» einzugehen – und schon sei eine Spielart der Despotie wiederhergestellt. Hier liegt in der Tat das Hauptproblem der Gewaltenteilung – auch und gerade dann, wenn sie mit dem Prinzip der Volkssouveränität verbunden ist. Man könnte es das «Constant-Risiko» nennen; kein politisches System, betonte jener Philosoph, werde ihm entgehen.[11]

Seither hat sich die Verfassungspolitik in Europa, haben sich auch die Arrangements der Gewaltenteilung von Montesquieus Intentionen und Werk weiter entfernt. Dessenungeachtet ist zugleich das davon ebenfalls losgelöste Symbol, die in unseren Schulen oft gedankenlos wiederholte Gleichung «Montesquieu gleich Gewaltenteilung gleich Legislative plus Exekutive plus Judikative gleich Demokratiebestandteil» nahezu beliebig verwendbar geworden. Gewaltenteilung und Demokratie gehören jedoch zwei unterschiedlichen, wenngleich miteinander kombinierbaren Konzeptionen an: der liberalen Konzeption, der es um die Grenzen der Macht von Gesellschaft und Staat über das Individuum geht, und der demokratischen Konzeption, deren Thema die Partizipation des Volks, wenn nicht gar seine Souveränität, und die Legitimation der Machtinhaber ist.

Montesquieu, der sich freilich um die saubere Abgrenzung dieser Begriffe keine besonderen Verdienste erworben hat, kann für die demokratische Konzeption wohl kaum in Anspruch genommen werden. Gewiß hielt er eine Demokratie im Sinne eines strengen Repräsentativsystems für eine begrenzte Bevölkerung, die auf kleinerem Raum im Zustand weitgehender sozioökonomischer Gleichheit zusammenlebt, für nicht unsympathisch: Hier sei das größte Maß an *Tugend* erforderlich.[12] Aber eben wegen dieses moralischen Aufwands sah er in der Demokratie eher einen Idealtypus denn eine potentielle Realität. Ferner hielt er nichts von Parlamentarismus, und seine Gewaltenteilungskonzeption war nicht frei von mechanistischer Vereinfachung: *Gäbe es keinen Monarchen und wäre die vollziehende Gewalt einer bestimmten Zahl von Personen anvertraut, die der gesetzgebenden Körperschaft entnommen wären, so gäbe es keine Freiheit mehr*, so behauptet er.[13] Das Recht einer Volkskammer, sich aufgrund eigenen Beschlusses zu versammeln, lehnte er ab. Heute aber profitieren wir davon, daß in den parlamentarischen Systemen der westlichen Industrieländer (ebenso wie in den präsidentiell organisierten) immerhin schon so viel individuelle Freiheit möglich geworden ist wie nie zuvor in der Geschichte der Menschheit. Freiheit bedeutet nicht Demokratie. Aber der Traum einer immer umfassenderen Selbstbestimmung eines immer größeren Teils der an Rechten und Pflichten und Fähigkeiten immer mehr gleichgestellten Bürgerinnen und Bürger, Demokratie als ein Prozeß wachsender Möglichkeiten für individuelle und kollektive politische Teilhabe, war Montesquieu – zu Recht oder zu Unrecht – nun völlig fremd: *Die Mehrzahl der alten Republiken hatte einen großen Fehler; das Volk hatte nämlich das Recht, aktive Entschließungen zu fassen, die eine Durchführung erfordern, etwas, wozu es ganz und gar unfähig ist. Es soll in die Regierungssphäre nur hineingelassen werden, um die Abgeordneten zu wählen, was seinen Fähigkeiten durchaus entspricht.*[14] Die deutschen Bürgerinnen und Bürger, die nach 1990 in hoher Zahl, aber erfolglos eine Aufnahme plebiszitärer Elemente in das politische System der vergrößerten Bundesrepublik forderten, hätten sich unter dem Gesichtspunkt der Demokratisierung auf Montesquieu nicht berufen können, wohl aber unter dem Aspekt, daß Volksentscheide auch eine Form von Gewaltenteilung sind: Das wahlberechtigte Volk (als Machtträger und Staatsorgan zugleich) wird auf diese Weise – konkurrierend zu Parlament, Regierung und Verfassungsgericht – als vierte Gewalt an der Gesetzgebung beteiligt.[15] Aber daran ist nur selten gedacht worden.

Eher schon ist geistige Verwandtschaft zu Montesquieu bei jenen erkennbar, die im Gegensatz zu einer verbreiteten politischen Selbstgefälligkeit, wie sie in Deutschland nach dem Sieg des Westens im «Wettkampf der Systeme» einen neuen Höhepunkt erreichte, auf bedenkliche Machtkonzentrationen hinwiesen – in Wirtschaft, Gesellschaft und Politik. Sie bemängelten damit zugleich das vorhandene Maß an Gewaltenteilung. In den Debatten des Parlamentarischen Rats 1948/49 war Montesquieu zwar mehrfach zitiert worden. Aber die Bestimmung des Artikels 20 des Grundgesetzes der

Volksentscheide, seit 1990 in der Bundesrepublik verstärkt gefordert, können vor allem ein Stück materialer Gewaltenteilung bedeuten. Bürgeraktion «Mehr Demokratie» in Bremen, April 1998.

Bundesrepublik Deutschland, daß die Staatsmacht «durch besondere Organe der Gesetzgebung, der vollziehenden Gewalt und der Rechtspflege ausgeübt» werden solle, unterscheidet sich merklich von der Konzeption des Philosophen: In ihrer sympathischen, aber wirklichkeitsfremden demokratischen Intention (alle Staatsgewalt müsse «vom Volke» ausgehen, normiert derselbe Artikel), und riskant durch das Steckenbleiben im Formalen: Auch das politische System der Bundesrepublik Deutschland unterliegt dem skizzierten «Constant-Risiko». Während das Volk als Souverän teils postuliert, teils bereits hingestellt wird, besetzt eine fünfte Gewalt, die Parteien, Legislative, Exekutive und Judikative – stets darauf aus, nicht nur untereinander, sondern auch zwischen den drei formal getrennten Staatsgewalten «Koalitionen» herzustellen.

Durch eine Reihe von Maßnahmen kann versucht werden, die fehlende Materialität herzustellen durch eine Verankerung der Gewaltenteilung in geregelten Gruppenkonflikten. Durch Vorschriften können Mandats- und Ämterhäufung begrenzt, kann das politische Personal auf unterschiedliche Institutionen verteilt werden. Durch unterschiedlich lange Amtszeiten scheinen Machtbalancen erreichbar: *Bei jeder Behörde muß man einen großen Umfang der Macht durch ihre kurze Dauer ausgleichen*, hatte schon Montesquieu angeregt.[16] Zur «horizontalen» Gewaltenteilung kann ferner eine «vertikale», föderalistische treten. In der Bundesrepublik Deutschland als Mitglied der Europäischen Union konkurrieren die staatlichen Institutionen auf vier Ebenen miteinander um Kompetenzen und Ressourcen: Europa, Bund, Länder und Gemeinden. Dahinter freilich stehen – horizontal und vertikal verbindend – die Parteien, genauer deren Führungen. Dies hat richtungweisend 1902 Moisei Ostrogorski herausgearbeitet; seinem Werk über «Die Demokratie und die politischen Parteien» stellte er in Nachahmung Montesquieus das stolze, Originalitätsanspruch ausdrückende Ovid-Zitat «Prolem sine matre creatam» voran: zum Zeichen, daß er über die Beobachtung von Gesetzen und Institutionen hinaus, wie sie Montesquieu in die politische Wissenschaft eingeführt hatte, nunmehr «die politischen Kräfte» studiert habe.[17]

Gewiß können Parteien – zusammen mit anderen Großorganisationen – auch zur Gewaltenteilung beitragen. In unseren Tagen hat Winfried Steffani mit seiner Lehre von einer «pluralistischen Demokratie» an die Notwendigkeit gesellschaftlicher Materialität der Gewaltenteilung erinnert. Dabei hat er den Ansatz Lockes und Montesquieus noch stärker in den vorstaatlichen Bereich hinein verlängert. Zu den maßgeblichen, im Rahmen bestimmter Grundregeln konkurrierenden und ausbalancierenden Akteuren in einem pluralistisch-demokratisch verfaßten Gemeinwesen gehören demnach neben den Parteien auch Großunternehmen, Arbeitgeberverbände und Gewerkschaften, Bürgerinitiativen und Medien als neue *Zwischengewalten*[18]. Den Parteien ist freilich in dieser Konzeption – ebenso wie im Bonner Grundgesetz – eine Scharnierfunktion zwischen Staat und Gesellschaft zugewiesen worden. Sie seien es, die gesellschaftliches Wollen in staatliche Entscheidungen zu transformieren hätten. Andererseits kann eine *Zwischengewalt* – mit dieser Kritik hat Werner Weber die Entstehung des Grundgesetzes begleitet – verbindend, aber auch trennend, «mediatisierend» wirken.[19]

Ist die Existenz mehrerer Parteien in einem Land eine Garantie für Parteienpluralismus? Politiker (wie Hans Apel und Richard von Weizsäcker) und Wissenschaftler (wie Hans Herbert von Arnim und Klaus von Beyme) haben Anfang der neunziger Jahre die These variiert, bei der Bundesrepublik, ja den «westlichen Demokratien» allgemein, handele es sich in Wirklichkeit um «Partitokratien»: Nicht das Volk sei der Souverän, sondern die Parteifunktionäre.[20]

Eine materiale Gewaltenteilung zwischen den Parteien finde nicht statt, weil diese Funktionäre eine deutlich homogene «politische Klasse» bildeten und gemeinsam, kartellartig, die Organe der Legislative, Exekutive und Judikative besetzten. Mit einem Schlüsselbegriff Montesquieus ausgedrückt (dem politische Parteien im modernen Sinn noch unbekannt waren): Pluralistisch-gewaltenteilige Systeme verfallen der *Dekadenz* (der Entartung, dem Niedergang), weil durch die Verfassung privilegierte Gruppierungen, zu deren Funktion die gegenseitige Konkurrenz gehört, sich zum Machtoligopol formieren. Richard von Weizsäcker konstatierte 1982 und erneut 1992, die deutschen Parteien machten sich «den Staat zur Beute»[21]. *Die Republik wird zur Beute*, hatte Montesquieu bereits 1748 von einem Staatswesen befürchtet, das nicht – wie sein Monarchie-Modell – durch Gewaltenteilung *gemäßigt* sei und in dem darüber hinaus *die Tugend verloren* ginge[22], das staatsbürgerliche Engagement und Verantwortungsbewußtsein.

Nicht zuletzt die Reduzierung von Montesquieus Person und Werk auf ein unzulängliches, aber im Rahmen der «freiheitlich-demokratischen Grundordnung» der Bundesrepublik als zustimmungspflichtig betrachtetes Symbol hat dazu geführt, daß sein Werk nur noch interpretierbar, nicht aber aus der Grundsatzdiskussion eliminierbar erscheint. Darin liegt eine Chance und eine Verpflichtung. Montesquieus Rezepte zur Verhinderung von Machtkonzentrationen gehören zu den geistigen Instrumenten im ewigen Kampf gegen «die alte Tyrannei [...], die die Menschheit hartnäckig verfolgt und nur ihre Formen verändert» (Ostrogorski). Lohnt es sich aber auch aus anderen Gründen, Montesquieu zu studieren? Die Antwort darauf muß bescheidener ausfallen als im Werbetext für eine neuere «Einführung», wo nichts Geringeres behauptet wird, als daß Montesquieus Theorien «den Charakter nicht zuletzt der deutschen Gesellschaft maßgeblich geprägt» hätten.[23] Offenbar handelt es sich um die Vergröberung eines Diktums von Jean Starobinski, wonach wir in einer Gesellschaft lebten, die weitgehend nach den Wünschen Montesquieus eingerichtet sei: Exekutive, Legislative und Judikative seien getrennt, die Strafen im Prinzip den Vergehen angemessen, der wirtschaftliche Liberalismus seit langem gang und gäbe.[24] Selbst wenn es sich so verhielte, wären die genannten Umstände nicht ursächlich auf Montesquieu zurückzuführen. Wer ihn im übrigen einen Vertreter des Wirtschaftsliberalismus nennt, muß wissen, daß er für eine Politik des Manchestertums nicht herangezogen werden kann.

Montesquieu-Denkmal in Bordeaux, errichtet 1858

Die Beschäftigung mit Montesquieus Leben und Werk bleibt also notwendig: Geschichtsschreibung hat die Aufgabe, Legenden und anderen Überlieferungsfehlern entgegenzuwirken. Historisch bedeutsam erscheint uns, was in der Vergangenheit und insbesondere auch bis in unsere Gegenwart hinein folgenreich war, und die Ende des 18. Jahrhunderts einsetzende weltweite Wirkung Montesquieus hatte zur Voraussetzung, daß er in Frankreich, England und Amerika zu jener Zeit schon als Klassiker betrachtet wurde – zunächst noch unabhängig von seiner Gewaltenteilungslehre. Verfolgen wir die Geschichte seines Lebens und Wirkens bis zu der Atlantischen Revolution, so können wir ermessen, was an dem Gesamtphänomen Montesquieu – also an der Summe aus Gestalt, Werk und davon im Lauf der Zeit abstrahiertem Symbol – für uns heute in historischer, philosophischer und politischer Hinsicht als wissens- und bedenkenswert von Bedeutung sein kann.

Ein Gerichtspräsident brilliert mit «Perserbriefen» und wird in die Académie française berufen

Und Du hättest das Recht, alle meine Begierden zu unterdrücken, während Du Dir selbst alles erlaubst? Nein! Ich habe in der Knechtschaft leben können, aber ich war immer frei. Ich habe Deine Gesetze nach den Gesetzen der Natur abgeändert, und mein Geist hat sich immer seine Unabhängigkeit bewahrt.

Roxane in Isfahan an Usbek in Paris[25]

Eine Frau als Haushaltsvorstand – für den Autor des Werks *Vom Geist der Gesetze* verstieß das *gegen Vernunft und Natur*. Als Herrscherinnen konnte er sich Frauen dagegen gut vorstellen: *Ihre angeborene Schwäche* sei geeignet, *Milde und Mäßigung* walten zu lassen.[26] Aber auch gegenüber Frauen als Unternehmerinnen und in gesellschaftlich einflußreichen Stellungen hatte Montesquieu keinen Grund zu Vorbehalten: Die Amsterdamer Verlegerin Susanne de Caux gab 1721 den *Perserbriefen* eine Chance, und die Marquise de Lambert und die Stammgäste ihres Salons in der Pariser Rue Richelieu lancierten 1727 Montesquieus Kandidatur für die Académie française. Um in der mondänen Gesellschaft der Salons Fuß fassen zu können, hatte Montesquieu schon bald nach seiner Heirat mit Jeanne de Lartigue (1715) damit begonnen, seinen Lebensmittelpunkt von Bordeaux in die Hauptstadt zu verlegen. Seine Ehefrau, die er auf dem Schloß La Brède zurückließ, versah er mit Handlungsvollmachten für die Verwaltung der gemeinsamen, umfangreichen Güter. Da spielte sie nun die Rolle der Gutsherrin – von 1727 bis 1731 ganz allein, danach wieder im Wechsel mit dem zwischen Bordeaux und Paris pendelnden Philosophen. Montesquieu hat in der Skizze eines Selbstporträts bemerkt: *Wenn ich jemandem vertraue, tue ich dies ohne Einschränkung: aber ich vertraue nur wenigen.*[27] Seine Ehefrau hatte keinen Anlaß, dieses Vertrauen «ohne Einschränkung» zu erwidern, denn eheliche Treue zählte nicht zu

Montesquieus zentralen Werten. Hinweise darauf gibt es in seiner Korrespondenz und unter seinen seit 1720 gesammelten, in großer Zahl erhaltenen *Gedanken* – der Sammlung *einiger Überlegungen [...] in lockerer Reihung, die ich nicht in meine Werke eingefügt habe.* Allerdings stellen sie nur eine bedingt verläßliche Quelle dar. Montesquieu hat ihnen die Warnung vorangestellt: *Es handelt sich um Ideen, die ich durchaus nicht vertieft habe und die ich aufbewahre, um bei Gelegenheit daran zu denken. Ich werde mich sehr hüten, für alle [...] die Verantwortung zu übernehmen.*[28] Wissenschaftlich kommentierte Gesamtausgaben solcher Materialsammlungen sind verdienstvoll. Aber Montesquieus Warnung zum Trotz sind auch Anthologien daraus auf den Markt gebracht worden: «Der scharfe Geist, der vollendete Stil, das universale Wissen» machten das Lesen dieser Aufzeichnungen «zum geistigen Genuß», verspricht der Klappentext einer Ausgabe, ja die «Weisheit» dieser (zum Teil deutlich unausgegorenen oder banalen) Splitter mache sie «unvergänglich».[29] Ein jeder – so scheint es – kann sich aus den *Gedanken* und Montesquieus zweiter großer Materialsammlung, der schon seit 1717 zusammengestellten *Nachlese*[30], sein Charakterbild Montesquieus zurechtbasteln – innerhalb weiter Grenzen: *Wenn man sich in Vermögensangelegenheiten irrt, ist das nur ein Schlag ins Wasser. Bei Staatsangelegenheiten hingegen kann man sich einen Schlag ins Wasser nicht erlauben*[31] – dieser Gedanke beispielsweise steht zu dem eingangs zitierten, daß das «schwache» Geschlecht wohl zur Staatsführung, nicht aber als Haushaltsvorstand tauge, in deutlichem Spannungsverhältnis. Manch indiskreter Leser mag sich an weniger weisen denn libertinären und zynischen Aphorismen über Frauen weiden: Montesquieu bekennt dort, er habe ihnen oft und gern seichte Schmeicheleien und billige Gefälligkeiten erwiesen, und er räsoniert, Frauen müßten entweder befehlen oder gehorchen. Nicht weniger geschmacklos sind (auch an damaligen Maßstäben gemessen) die folgenden ausgefallen: *Die anständigen Frauen wären verloren ohne die Syphilis; jedermann nähme Kurtisanen; folglich ist es die Syphilis, die die Galanterie erzeugt. – Auch bei den hübschesten Frauen glaube ich an gewissen Tagen zu sehen, wie sie aussehen werden, wenn sie häßlich sein werden. – Mit Frauen muß man abrupt brechen; nichts ist unerträglicher als eine alte, marode Liebschaft.* Und mit einem Schuß sozialpsychologischer Einsicht angereichert: Die Frauen sind falsch. Das kommt von ihrer Abhängigkeit. Je stärker die Abhängigkeit, desto größer die Falschheit. Wer weiß, in welcher Stimmungslage dies geschrieben wurde? Hatte Montesquieu tatsächlich niemals einen Kummer, den eine Stunde Lesens nicht verscheucht hätte?[32]

Frauen spielten in Montesquieus Leben eine keineswegs unwesentliche Rolle: seine Tochter Denise, die ihm zeitweilig als Sekretärin behilflich war; stärker die Pariser Salondamen de Lambert, de Tencin, Geoffrin und du Deffand; ferner eine Reihe von Geliebten aus den in und um Paris ansässigen Adelsfamilien. Doch nicht anders als Diderot, Rousseau oder Voltaire erkannte er Frauen – trotz all seiner «Aufgeklärtheit» – nur selten als ebenbürtige Gesprächspartnerinnen an.[33]

Die Annäherung an Montesquieus Gefühlsleben erweist sich als schwierig. Kühne Thesen sind da möglich. So ist in psychoanalysierender Weise spekuliert worden, ob das Ovid-Zitat «Prolem sine matre creatam», das *Vom Geist der Gesetze* vorangestellt ist, nicht nur Originalitätsanspruch ausdrücken könnte, sondern vor allem «eine unbewußte Erinnerung» sei, «ein Schrei aus dem tiefsten Innern»[34]: Seine Mutter nämlich hatte Montesquieu im Alter von sieben Jahren verloren. War nicht nur das Werk, sondern zuvor schon sein Verfasser «ein Kind, ohne Mutter erzeugt»?

In der romanischen Kirche von La Brède (südlich von Bordeaux) hatte am 18. Januar 1689 das zweite Kind des Grundherrn, Jacques de Secondat, und seiner Frau, Marie-Françoise de Pesnel, die Taufe empfangen. Die Kirche Saint-Jean d'Etampes bildet mit dem Rathaus und dem Montesquieu-Denkmal von 1938 noch heute den Mittelpunkt der Gemeinde La Brède. Der kleine Charles-Louis de Secondat, Baron de la Brède, der den Titel eines Baron de Montesquieu erst 1716 erbte, wurde für die ersten drei Jahre seines Lebens einer Amme im Dorf übergeben. Hier lag die Wurzel seines gasconischen Akzents, der in Paris zuweilen belächelt wurde. Ein Familienleben lernte der junge Charles auch danach nicht kennen. 1796 erlag seine Mutter den Folgen der Geburt eines Mädchens, das seinerseits nur vier Jahre lebte. Auch ein Bruder starb in zartem Alter. Die Schwestern Marie und Thérèse wurden früh in Klöster gesteckt. Während Montesquieus jüngerer Bruder Charles-Louis-Joseph für die geistliche Laufbahn bestimmt wurde, bot sich für ihn selbst die eines Juristen an: Der älteste Bruder seines Vaters, Jean-Baptiste de Secondat, Baron von Montesquieu, Gutsherr von Castelnouvel, Talence und Raymond, hatte das Amt eines Kammerpräsidenten am Parlament (Gerichtshof) der Provinz Guyenne zu Bordeaux inne, und sein einziger Sohn war gestorben.

Montesquieu-Denkmal in La Brède, errichtet 1938

Die Familie de Secondat gehörte seit 350 Jahren zum Schwert- und Amtsadel. Vom 15. Jahrhundert an in der Nähe der Stadt Agen ansässig, hatte sie Anteil am Aufstieg ihrer Lehnsherrn, des gascognischen Geschlechts Albret, als dieses 1484 durch Heirat an die Spitze des kleinen Königreichs Navarra kam. Königin Jeanne d'Albret bedankte sich 1561 bei Jean de Secondat für treue Dienste dadurch, daß sie ihm das Gut Montesquieu schenkte, zwischen Agen und Nérac südlich der Garonne gelegen. Das Wort «Montesquieu», teils lateinischen, teils fränkischen Ursprungs, bezeichnet einen kahlen Berg. Die mittelalterliche Burg darauf war vielleicht damals schon nicht mehr in bestem Zustand, zu Lebzeiten des Philosophen Montesquieu jedenfalls kaum noch bewohnbar. Jeanne d'Albret, eine Protestantin, war die Frau von Antoine de Bourbon aus einer Nebenlinie der Bourbonen-Dynastie; ihr Sohn Heinrich, der 1572 König von Navarra wurde, heiratete im selben Jahr Margarete von Valois, die Schwester des französischen Königs Karl IX. Ihre Hochzeit war Anlaß für die berüchtigte Bartholomäusnacht. Heinrich von Navarra überlebte sie nur, weil er (bei innerem Vorbehalt) den Übertritt zum Katholizismus bekundete. Er mußte als Gefangener im Louvre bleiben, floh aber 1576 und wurde Führer der Protestanten. Als der kinderlose König Heinrich III. – Bruder Karls IX. und

Jeanne d'Albret. Königin von Navarra, schenkte einem Vorfahren des Philosophen die Burg Montesquieu.

der Margarete von Valois – 1589 einem Mordanschlag zum Opfer fiel, wurde sein Schwager aus Navarra Thronanwärter als Heinrich IV. Freilich sah er sich so massiven katholischen Widerständen gegenüber, daß er 1593 nun endgültig Katholik wurde, um den Thron besteigen zu können. Im Edikt von Nantes gewährte Heinrich IV., der beliebteste französische König aller Zeiten, seinen ehemaligen Glaubensgenossen gleichberechtigten Zugang zu öffentlichen Ämtern und eine weitgehend unbeeinträchtigte Religionsausübung. Navarra wurde mit Frankreich vereinigt.

Die Familie Secondat verlor in diesen Macht- und Religionskämpfen mehrere männliche Mitglieder und nahm – nachdem sie sich einst dem Protestantismus des Hauses Albret angeschlossen hatte – den katholischen Glauben wieder an, als Heinrich IV. dazu übertrat. Der König erhob 1606 das Gut Montesquieu zur Baronie. Zehn Jahre später wurde er von einem katholischen Fanatiker ermordet. Religiöse Abgeklärtheit gehörte seither zu den Eigenschaften der Secondats, die in der ersten Hälfte des 17. Jahrhunderts in

Bordelaiser Parlamentarierkreise einheirateten. Montesquieus Großvater konnte erstmals ein Amt als Président à mortier (Kammervorsitzender) erlangen, so bezeichnet nach der würdevollen Kopfbedeckung (mortier). Die mit hohem Prestige verknüpften, auch politisch interessanten Parlamentsposten waren sowohl erblich als auch käuflich. Montesquieus Vater, nur zweitgeboren, war Offizier geworden. Als Mitglied eines von Ludwig XIV. mißbilligten Freikorps hatte er 1686 Anteil an der Wiedereroberung der türkisch besetzten Stadt Budapest durch die Truppen des deutschen Kaisers Leopold I. Nach seiner Rückkehr heiratete der nur knapp einer Degradierung entgangene Kavalleriehauptmann die aus einer wohlhabenden und noch älteren Adelsfamilie stammende, entfernt mit den Häusern Albret und Bourbon verwandte Marie-Françoise de Pesnel. Sie brachte die Baronie und das zu Beginn des 15. Jahrhunderts erbaute Schloß La Brède in die Ehe ein, stellte aber die Bedingung, daß Montesquieus Vater den Militärdienst quittiert, um sich der Verwaltung dieser Güter zu widmen. Bei der Lektüre der knappen biographischen Bemerkungen, die Montesquieu später seinem Sohn widmete, kann man den Eindruck gewinnen, daß er seinen Vater bedauerte: *Es blieb ihm in der Tat nichts anderes übrig. [...] Mein*

Überreste der mittelalterlichen Burg Montesquieu

Vater verbrachte sein Leben damit, ihre Geschäfte wieder in Ordnung zu bringen. Kaum war ihm das gelungen, starb meine Mutter.[35]

Seine erste intellektuelle Prägung erhielt Montesquieu im Kolleg der Oratorianer-Kongregation zu Juilly, nordöstlich von Paris. Angesichts des miserablen Zustands, in dem sich die beiden höheren Schulen in Bordeaux zu jener Zeit befanden, entschieden sich nicht wenige Familien für dieses Elitekolleg. Die Oratorianer, 1552 in Rom von dem (später heiliggesprochenen) Filippo Neri gegründet, nahmen zwischen den Jesuiten, der Speerspitze des Katholizismus im Kampf gegen Protestantismus und Ketzertum, und den gewissermaßen innerkichlich-protestantischen Jansenisten einen mittleren Standpunkt ein. Die Jesuiten, dem Papst durch ein Gehorsamsgelübde verbunden, unterrichteten in 150 Schulen und Hochschulen um 1700 rund 60000 junge Franzosen, ungefähr die Hälfte derer, die eine weiterführende Bildungsanstalt besuchten. Die Jansenisten, die sich auf den niederländischen Theologen Cornelius Jansen und sein Werk über den Kirchenvater Augustinus (1640) beriefen, prangerten die angebliche Laxheit der Jesuiten an – noch heute wird eifernde Sittenstrenge in Frankreich als «jansénisme» bezeichnet.[36] Nicht deswegen, sondern wegen ihrer Organisation als Sekte waren die Jansenisten König und Papst ein Dorn im Auge. Die Zisterzienserinnen in der jansenistischen Hauptbastion, dem Kloster Port-Royal bei Versailles, waren allerlei Repressalien ausgesetzt, und 1711 wurde Port-Royal gar abgerissen. Anders als die Jesuiten und die Jansenisten, gegen die Montesquieu später, Mitte des 18. Jahrhunderts, sein Hauptwerk *Vom Geist der Gesetze* verteidigen mußte, trachteten die Oratorianer in nur geringem Maße nach Einfluß in Gesellschaft und Politik und waren insgesamt offener für kritische Ideen. Voller Mißtrauen hatten etablierte Kirche und Staat einige Zeit zuvor festgestellt, daß in den Schulen der Oratorianer die «Principia philosophiae», das Lehrwerk von René Descartes, behandelt wurden. Descartes hatte der «göttlichen Offenbarung» die menschliche Vernunft als fast ebenbürtige Erkenntnisquelle an die Seite gestellt. Gewiß erschien es ihm ratsam, für Zweifelsfälle den Vorrang der Offenbarung zu empfehlen; aber die Frage, aus welchem Grunde eigentlich «wir doch lieber der göttlichen Autorität als unserem eigenen Urteil vertrauen» sollten, wurde dadurch geradezu herausgefordert.[37] 1663 waren Descartes' Werke vom Vatikan auf den Index der verbotenen Bücher gesetzt, 1671 von der Theologischen Fakultät in Paris öffentlich verurteilt worden. Aber Pater

Nicolas de Malebranche, einem Oratorianer, war es 1674 gelungen, in seiner Schrift «Von der Erforschung der Wahrheit» Descartes und die herrschende Religion einigermaßen zu verbinden.

Die Oratorianer lehrten ihre Zöglinge Techniken der geistigen Arbeit. Hier entwickelte Montesquieu seine Neigung zur ausgiebigen Lektüre, die sich im Ausbau seiner Bibliothek in La Brède niederschlug und in der Anlage umfassender Sammlungen von Notizen. In dem Buch «Gespräche über die Wissenschaften» des Paters Bernard Lamy, eines Malebranche-Schülers, findet sich die Stelle: «Ein Mann von Geist setzt sich ein Ziel und entnimmt innerhalb von zwanzig Jahren aus seiner gesamten Lektüre, was seinem Vorhaben zuträglich ist; danach ist es einfach, aus dieser so sorgfältigen und mühsamen Sammlung ein bedeutendes Werk zu schaffen.»[38] Ist Montesquieus Angabe, für *Vom Geist der Gesetze* habe er zwanzig Jahre Arbeit benötigt – das wäre der gesamte Zeitraum zwischen seinem Eintritt in die Académie française (1728) und dem Erscheinen dieses Werks (1748) gewesen – wörtlich zu nehmen, oder handelt es sich um einen Topos, eine aus der Erinnerung an Juilly und die «Gespräche» von Lamy geschöpfte, wohlklingende Redewendung?

Im Jahr 1705 schloß Montesquieu das Kolleg ab und schrieb sich an der Juristischen Fakultät zu Bordeaux ein. Da sie sich in einem ähnlich desolaten Zustand befand wie die höheren Schulen der Stadt und da Montesquieu nach dem Erlangen des Baccalaureats und nach seiner Zulassung als Rechtsanwalt am Parlament 1708 erst 19 Jahre alt war, lag es nahe, eine weitere Ausbildungsphase folgen zu lassen. Zwischen 1709 und 1713 machte er sich in Paris bei einem Rechtsanwalt mit der Berufspraxis vertraut; einer seiner Lehrer in Juilly, Pater Pierre-Nicolas Desmolets (ab 1721 dann Bibliothekar der Oratorianer in der Hauptstadt), hatte die Verbindung hergestellt. Montesquieu besuchte Gerichtsverhandlungen und legte eine juristische Notizensammlung an. Darüber hinaus entwickelte er ein vertieftes Interesse für den Orient, namentlich für China. Nicolas Fréret, ein gleichaltriger ehemaliger Mitschüler aus Juilly, hatte sich ganz dem Studium der Orientalistik ergeben – zu einer Zeit, als breitere Kreise vor allem durch den «Ritenstreit» auf China aufmerksam wurden: Jesuitenpatres hatten dort Missionserfolge deshalb erzielt, weil sie sich den einheimischen Bräuchen anpaßten; Fundamentalisten in den Reihen der Franziskaner und Dominikaner liefen jedoch gegen die europäisch-orientalisch gemischten «Riten» Sturm, die Papst Clemens XI. im Jahre 1704 ebenso verdammte wie 1705 dann zentrale

Aussagen des Jansenismus. Fréret machte Montesquieu mit dem Chinesen Arcadio Hoange bekannt, der eine Beschäftigung als Übersetzer in der Königlichen Bibliothek erhalten hatte und an einer chinesischen Grammatik mitarbeitete. Durch Fréret wurde Montesquieu ferner in einen politisch-philosophischen Zirkel um den Grafen Boulainvilliers und den Herzog von Noailles eingeführt, wo Bibelkritik geübt, über Jesuitenwitze gelacht, der Absolutismus geschmäht und Spinoza (teils in der Übersetzung von Boulainvilliers persönlich) gelesen wurde. Von Henri de Boulainvilliers (1658–1722), einem glühenden Verteidiger der Theorie vom Vorrang des Adels in der Monarchie, erschienen 1727 «Historische Briefe über die Parlamente». Sein Zirkel trieb Personalpolitik in die Akademie der Inschriften und Schönen Künste hinein (die «kleine Akademie» neben der Académie française) und war, als Montesquieu sich zur Heimreise nach Bordeaux anschickte, soeben dabei, Fréret dort im Status eines «Schülers» unterzubringen.[39]

Anlaß für Montesquieus Rückkehr war der Tod seines Vaters am 15. November 1713. Der Vierundzwanzigjährige fand sich erwartungsgemäß als Haupterbe eingesetzt. Anfang 1714 erstand er ein Amt als Rat am Parlament der Provinz Guyenne gegen die Summe von 24000 Livres und den Nachweis sowohl der Zugehörigkeit zur katholischen Kirche als auch seiner juristischen Qualifikation. Parlamente, das waren im Frankreich des Ancien Régime keine Abgeordnetenversammlungen[40], vielmehr handelte es sich um oberste Gerichtshöfe in Paris und in zwölf größeren Provinzen. Das Pariser Parlament war aus dem mittelalterlichen Königlichen Gerichtshof hervorgegangen. Es war höchstes Organ der Rechtsprechung. Vor allem aber hatte es aus dem ursprünglichen Auftrag, die königlichen Gesetze und Verordnungen zu registrieren, mit der Zeit das Recht des Einspruchs dagegen abgeleitet: Es konnte eine Registratur verweigern. Den Provinzparlamenten stand diese Möglichkeit ebenfalls offen, wenn sie zu der Ansicht gelangten, daß Rechtsetzungen des Monarchen gegen das regionale Gewohnheitsrecht («coutume») verstießen. Dieser politischen Kontrolle konnte der Herrscher durch ein «lit de justice», durch persönliches Erscheinen im Parlament entgegentreten und auf diese demonstrative Art die Beschwerden, «Remonstranzen», ganz oder partiell zurückweisen; letztlich kam es auf seine Machtmittel an. Ludwig XIV. hatte die Kompetenzen der Parlamente weitgehend beschnitten.

Nun gehörte Montesquieu zum *Juristenstand, der mitten zwischen dem hohen Adel und dem Volke steht, der ohne den Glanz des Adels doch alle seine Vorrechte besitzt*; zu dem Stand, wie er später in *Vom Geist der Gesetze* weiter schwärmte, *der den einzelnen in einer mäßigen Stellung beläßt, im gesamten aber als Hüter der Gesetze hohes Ansehen genießt, [...] in dem man sich nur durch Fähigkeit und Tüchtigkeit auszeichnen kann.*[41] Die Bordelaiser Adelselite beschäftigte sich hauptsächlich mit zwei Dingen, dem Weinbau und der Ausübung öffentlicher Ämter; in beiden Bereichen war Montesquieu jetzt solide verankert.

Das Parlament für die Guyenne in Bordeaux, 1462 von Ludwig XI. gegründet, war das viertälteste in Frankreich. 60 Staatsanwälte und 130 Anwälte waren ihm Anfang des 18. Jahrhunderts zugeordnet. Neun Kammerpräsidenten (Présidents à mortier) und 90 Gerichtsräte waren dort tätig. Nur der Erste Präsident war nicht Eigentümer seines Amtes. Vom König eingesetzt, hatte er keine leichte Stellung gegenüber den Mitgliedern des Parlaments; sie verstanden sich auch als Vertreter ihrer Provinz gegenüber der Hauptstadt und den von dort aus eingesetzten Intendanten, Gouverneuren und Militärbefehlshabern. Lukrativ waren die Posten am Parlament nicht. Bei dem damals gezahlten Gehalt von 375 Livres jährlich (die Présidents à mortier bekamen das Vier- bis Fünffache), hätte Montesquieu seinen «Einsatz» für den Kauf des Amtes erst nach 60 Dienstjahren wieder hereingeholt. Die Parlamentsmitglieder lebten zum größten Teil von ihrem Grundbesitz. Ihn zu mehren und die Kontinuität seiner Familie zu gewährleisten, schloß Montesquieu im April 1715 eine der üblichen Vernunftehen mit Jeanne de Lartigue, einer leicht gehbehinderten, aber von ihren Eltern als Universalerbin eingesetzten und unzweifelhaft tüchtigen Frau. Ihre Güter lagen zum Teil bei Clairac im Agenais, zum Teil benachbart denen der Familie Secondat bei Bordeaux. Die Feierlichkeiten waren schlicht, was zum einen der Sparsamkeit beider Ehepartner zuzuschreiben war, zum anderen dem protestantischen Bekenntnis der Familie de Lartigue. Klerus und Adel der Stadt Bordeaux und ihres Umlands sahen über diesen Umstand großzügig hinweg, obwohl nach der Aufhebung des Edikts von Nantes 1685 die Protestanten wieder zu einer verfolgten Minderheit geworden waren.

Aus Paris gelangten aufrüttelnde Nachrichten nach Bordeaux: Im September 1715 starb der «Sonnenkönig», Ludwig XIV., unter dessen kaum umschränkter, fast 55 Jahre dauernden Regierung das absolutistische Herrschaftssystem, eine Art zentralistischer Entwick-

Der Nachfolger des Sonnenkönigs war ein Kind: Ludwig XV.
Ein Regent, Philippe II. von Orléans, herrschte von 1715 bis 1723.

lungsdiktatur, zu einem Modell für andere Monarchen entwickelt worden war. Da der legitime Nachfolger, sein Urenkel Ludwig XV., noch ein Kind war, übernahm Philippe II. von Orléans für ihn die Regentschaft. Beide residierten in Paris, der Regent im Palais Royal, der Thronfolger in den Tuilerien. Der Hof von Versailles war damit erst einmal aufgelöst. Auf Antrag Philippes wurde das Testament des Sonnenkönigs, das u. a. die Anerkennung seiner unehelichen Kinder vorsah, vom Pariser Parlament annulliert. Den Hochadel versuchte der Regent in mehreren beratenden Gremien (durch eine «Polysynodie») an der Regierung des Staatswesens zu beteiligen; dieses war – insbesondere auch durch den 1714 zu Ende gegangenen Spanischen Erbfolgekrieg – ungeheuer verschuldet. Montesquieu, angetan von der Aufwertung des Adels und der Parlamente, leitete dem Regenten im Dezember 1715 eine *Denkschrift über die Staatsschulden* zu.[42] Ob Philippe sie beachtet hat, wissen wir nicht; jedenfalls schenkte er Anfang 1716 sein Vertrauen der Privatinitiative des im Glücksspiel reich gewordenen Finanzgenies John Law, und der Schotte erhielt die Lizenz dafür, Frankreichs erste Privatbank zu eröffnen, um die Wirtschaft durch Kreditschöpfung anzukurbeln und auf diese Weise auch dem Staat neue Geldquellen zu erschließen. Das Geschehen in der Hauptstadt aus der Nähe zu beobachten, mußte Montesquieu noch bis Anfang 1717 warten. Ereignisse in La Brède, die aus seiner persönlichen Sicht nicht weniger bedeutsam waren, hielten ihn in Atem. Zunächst kam am 10. Februar 1716 sein Sohn Jean-Baptiste zur Welt. Dann starb – am 24. April – sein schon erwähnter Onkel und hinterließ ihm seine Güter sowie Titel und Amt als Président à mortier. Im Allgemeinen französischen Wappenbuch hatte der verblichene Baron von Montesquieu 1697 als Abzeichen seines Hauses einen blauen Schild eintragen lassen, «mit goldenem Querstreifen, darüber zwei goldene Muscheln und darunter ein silberner Halbmond». Die Devise lautete «Virtutem fortuna secundat», «Das Glück ist der Tugend hold».

Zwar erhielt Montesquieu vom Parlament den für das Tragen des neuen Titels erforderlichen Altersdispens (ein Kammerpräsident mußte entweder 40 Jahre alt sein oder zehn Jahre als Rat fungiert haben), aber er durfte die damit verbundenen Aufgaben noch nicht ausüben. Andererseits fühlte er sich aufgrund der Vergrößerung seiner Güter jetzt in der Lage, neben ihrer Verwaltung und neben der Teilnahme an den Sitzungen der Strafkammer, der er zugeteilt worden war, seinen intellektuellen und gesellschaftlichen Neigungen nachzugehen. Schon zwei Wochen vor dem Tod des Onkels, am 3. April 1716, war Montesquieu als zehntes ordentliches Mitglied in die Akademie von Bordeaux aufgenommen worden. Die junge, 1713 von Ludwig XIV. bestätigte «Königliche Akademie der Wissenschaften, der Künste und der Schönen Literatur» legte großen Wert auf standesgemäße Zusammensetzung und insbesondere auf die Mitgliedschaft von Gerichtsräten und -präsidenten. Aber wenn auch die Hälfte der Akademiemitglieder Angehörige des Parlaments waren, so machten sie innerhalb ihres Richterkollegiums doch

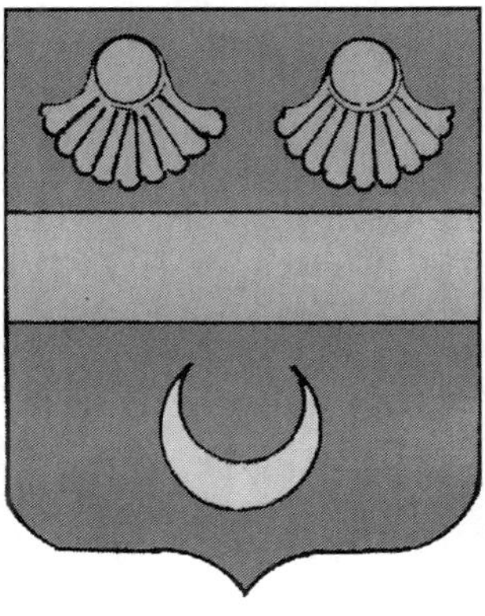

1716 erbte der Philosoph Burg und Wappen des Geschlechts der Secondat de Montesquieu.

Montesquieu erbte von seinem Onkel zugleich das Amt eines Kammerpräsidenten am Parlament in Bordeaux. Es hatte seinen Sitz im Palais de l'Ombrière (links), dem einstigen Sitz der Herzöge der Guyenne. Sepiazeichnung von Jules Desmaisons du Pallan, 1832, nach einer Originalzeichnung von Nicolas Le Roy aus dem 18. Jahrhundert

nur eine kleine Minderheit aus. Montesquieus Eintritt war also wohl vor allem auf seine intellektuellen Interessen zurückzuführen. In seiner Antrittsrede am 18. April 1716 feierte Montesquieu die Akademie als ein Unternehmen gegen *die Tyrannei der Unwissenheit*, gegen Obskurantismus und Konformismus. Früher sei man *nicht ungestraft aufgeklärter als die anderen* gewesen; wenn jemand es unternommen habe, aus der Enge der Unwissenheit auszubrechen, dann *erhoben sich sogleich unzählige Insekten und bildeten eine Wolke, um ihn wieder in Dunkelheit zu hüllen. Selbst die, die ihn insgeheim bewunderten, protestierten in der Öffentlichkeit und vermochten ihm nicht zu verzeihen, daß er anders war als sie.*[43] Die ordentlichen Mitglieder unterhielten die Akademie mit zumindest 300 Livres Jahresbeitrag. Mehrfach wurde Montesquieu für ein Jahr zum Direktor gewählt. Den Gepflogenheiten seiner Zeit entsprechend, in der die uns heute geläufigen wissenschaftlichen Disziplinen sich erst allmählich aus der Philosophie herauszulösen begannen, erstreckten sich seine Arbeiten über die ganze Breite des Wissenswerten – mit naturgemäß unterschiedlicher Qualität. Gleich zweimal stellte er 1716 in der Akademie seine *Erörterung über die Politik der Römer in Glaubensfragen* vor.[44] Kaum zu glauben, daß seine Zuhörer nicht an die aktuellen Religionsstreitigkeiten in Frankreich dachten, wenn sie von Montesquieu hörten, in der heidnischen Welt des Römischen Reiches habe man *Toleranz und Sanftmut* praktiziert. Gewiß brauche jede Gesellschaft eine Religion, aber die Römer seien von dem Grundsatz ausgegangen, daß die Religion dem Wohl des Staatswesens nutzbar gemacht werden müsse. Erfahrene Politiker – *aufgeklärte Leute* – hätten das Volk durch Opfermanipulationen und andere Kunstgriffe gelenkt.

Ungeduldig, ohne die Geburt seiner Tochter Marie im Januar 1717 abzuwarten, begann Montesquieu im Dezember 1716 seinen zweiten, viermonatigen Aufenthalt in Paris. Er hatte dort 1713 noch erlebt, wie der Papst – auf Drängen der Jesuiten und auf Bestellung Ludwigs XIV. – mit der Bulle «Unigenitus Dei filius» gegen die Jansenisten vorgegangen war. Darin wurden 101 Lehrsätze aus Pasquier Quesnels Buch «Moralische Überlegungen über das Neue Testament» (1671, erweitert 1695) verurteilt. Die Bulle wurde – gemäß dem Konkordat von 1516 – gar zum französischen Gesetz erhoben, passierte 1715 gegen einige Widerstände die Parlamente und erhielt – wegen ihrer staats- und kirchenrechtlichen Verbindlichkeit und ihrer fundamentalen Bedeutung für das Verhältnis zwischen katholischer Kirche und französischen Krone – weithin die Bezeichnung «Constitution», was schon soviel hieß wie «Verfassung». Fast ganz Frankreich war bald in Befürworter und Gegner gespalten. Montesquieu hielt nichts von den Jansenisten, die den Puritanern an Fanatismus gleichkamen: *Von allen Vergnügungen lassen uns die Jansenisten nur das, uns zu kratzen.*[45] Jetzt erfuhr er von seinem Freund Fréret, wie dieser 1714/15 mehrere Monate in der Bastille eingekerkert worden war, vor allem weil man ihm Verbindungen zu jansenistischen Kreisen nachgesagt hatte; Anlaß war sein Antrittsvortrag in der Akademie der Inschriften gewesen, «Über den Ursprung der Franzosen und deren Festsetzung in Gallien». Darin hatte Fréret – seinem Lehrmeister Boulainvilliers folgend – die antiabsolutistische These variiert, daß der fränkische Adel am Beginn einer französischen Wahl-Monarchie gestanden habe. Montesquieu kam später, am Ende seines Werks *Vom Geist der Gesetze*, auf dieses Thema zurück. Die Jansenisten aber wurden ungeachtet der gegen sie ergriffenen Maßnahmen in den kommenden Jahrzehnten immer einflußreicher. Aus ihrer Opposition heraus, in die sie die Allianz Versailles-Vatikan gedrängt hatte, vertraten sie teils anti-absolutistische, teils gallikanische (französisch-nationalkirchliche) Bestrebungen, wirkten in das Pariser Parlament und in die Sorbonne hinein und liefen den Jesuiten allmählich den Rang ab, an Eiferertum wie auch an Einfluß. Montesquieu hatte im Frühjahr 1717 ferner Gelegenheit, die Fortschritte der «Banque générale» von Law zu bestaunen, deren Geldscheine zunehmend als Zahlungsmittel anerkannt wurden. Ihm imponierte der Herzog von Noailles, der seine Tätigkeit als Finanzminister mit allseits bewundertem Esprit verband. Als beruhigend empfand er die Außenpolitik des Regenten, der – auf Ausgleich und Frieden bedacht – mit England und den Niederlanden 1717 eine «Tripelallianz» herstellte, in die 1718 auch der Kaiser einbezogen wurde.

Von Dezember 1717 bis April 1718 weilte Montesquieu erneut in Paris, wiederum vier Monate, obwohl die Reise- und Hotelkosten für ihn keine Quantité négligeable darstellten. Von Pater Desmolets lieh er sich ein Konvolut von Notizen und Zeitungsartikeln aus und stellte daraus den Grundstock für die *Nachlese* zusammen; dazu gehörten Splitter über Georgier, Armenier und Perser; über Gesetze und Sklaverei; über die Inquisition und die Unfehlbarkeit der Kirche – freilich nicht in so signifikanter Menge, daß wir hier schon die Wurzeln des Werks *Vom Geist der Gesetze* sehen müßten, sondern unter vielen anderen, vorwiegend biologischen Stichwörtern. Hier schien Montesquieu seinen Schwerpunkt gesetzt zu haben; seinen folgenden Arbeiten, einem *Vortrag über die Funktion der Nierendrüsen* (1718)[46], einem *Vortrag über die Ursache des Echos* (1718)[47] und einem weiteren über *Naturgeschichtliche Beobachtungen* – 1719 und erneut 1721 in der Akademie gehalten[48] – lagen empirische Untersuchungen an Fröschen und Enten zugrunde. 1719 stellten sowohl die Zeitschrift «Mercure de France» als auch das «Journal des Savants» (die zu dieser Zeit freilich nur in einigen hundert Exemplaren herauskamen) ihren Lesern die Skizze des *Projekts einer physikalischen Geschichte der alten und modernen Welt* vor; daran arbeite man in Bordeaux. Ziel sei es, alle Veränderungen der Erde zu beschreiben, *die auf ihr durch Erdbeben, Überschwemmungen oder andere Ursachen hervorgerufen worden sind, mit einer genauen Beschreibung der unterschiedlichen Entwicklungen der Kontinente und des Meeres; der Bildung und des Untergangs von Inseln, Flüssen, Gebirgen, Tälern, Seen, Baien, Meerengen, Kaps und aller ihrer Veränderungen; ferner der Arbeiten der Menschen, die der Erde ein neues Gesicht gegeben haben; […] der Veränderungen, die sich in der Natur der Böden und in der Zusammensetzung der Luft ergeben haben;*

[…] der Zerstörung der Wälder; der Wüsteneien, die durch Seuchen, Kriege und andere Heimsuchungen entstanden sind – unter Angabe der physikalischen Ursache all dieser Vorgänge und mit kritischen Bemerkungen über die, die sich als eingebildet oder zweifelhaft erweisen. Wissenschaftler in allen Ländern wurden gebeten, einschlägige Beobachtungen Herrn von Montesquieu mitzuteilen, Kammerpräsident am Parlament der Guyenne; er werde die Portokosten übernehmen und es nicht versäumen, in der geplanten Publikation die Einsender gebührend zu würdigen.[49] Das überdimensionierte Projekt zeugte von dem zu Beginn des 18. Jahrhunderts um sich greifenden Forscherdrang und von einem naiven Glauben an die Möglichkeiten des Fortschritts der Wissenschaften. Die Zahl der Zuschriften wird sich in Grenzen gehalten haben. Jedoch findet sich hier ein Zeugnis für die Neigung und Fähigkeit Montesquieus, Pläne für Veröffentlichungen enzyklopädischen Ausmaßes zu entwickeln.

Seine bisherigen Aktivitäten wiesen Montesquieu als durchschnittlichen Beamten und als interessierten, aber keineswegs herausragenden Intellektuellen aus. Auf Provinzebene mochte ihm eine solide Laufbahn bevorstehen. Seine Gelegenheitsarbeiten und Augenblickseinfälle – 1720 hielt er beispielsweise einen *Vortrag über die Ursache der Schwerkraft der Körper* und einen *Vortrag über die Ursache der Durchsichtigkeit der Körper* – waren allerdings seit 1717 nur mehr ein Oberflächenphänomen.[50] Darunter vollzog sich die Arbeit an einem material- und ideenreichen zeitkritisch-philosophischen Buch. Nicht zuletzt wurde es aus dem intelligenten Erstaunen gespeist, das der Zugereiste gegenüber den Zuständen in der französischen Hauptstadt entwickelt hatte; möglicherweise suchte er Paris auch 1719 und 1720 wieder auf. Das «Schlüsselerlebnis», den Anlaß, mit dieser Arbeit zu beginnen, kennen wir zwar nicht, aber der Einfluß des Zirkels um Boulainvilliers wird von großer Bedeutung gewesen sein; hier konzentrierten sich Intellektuelle, die in der Folgezeit eine Reihe von aufklärerischen Schriften veröffentlichten.[51] 1721 erschienen dann die *Perserbriefe*. Diese pseudo-orientalische Briefsatire – so wird es zumindest in der Rückschau oft gesehen – hat wie kaum ein zweites Buch die Epoche der Aufklärung einleiten helfen. Der unter Ludwig XIV. aufgestaute Unmut suchte sich jetzt, in der etwas freieren Atmosphäre der Régence, Bahn zu brechen, und die *Perserbriefe* boten sich als Vehikel dafür an.

Der schnell einsetzende Publikumserfolg der Satire war von Desmolets vorausgesehen worden: «Das reißen uns die Leute aus der

Titelblatt des Nachdrucks der ersten Ausgabe der «Lettres Persanes», gedruckt in Amsterdam 1721

Hand», hatte er Montesquieu ermutigt, als dieser ihm Ende 1720 das Manuskript zeigte. Da Montesquieu die Gefahr, die dem Buch durch die französische Zensur drohte, nicht einzuschätzen vermochte, hatte er das Manuskript nach Amsterdam bringen lassen. Dort war ihm der Verlag von Henri Desbordes empfohlen worden – einem Hugenotten, der Frankreich nach der Aufhebung des Toleranzedikts von Nantes verlassen hatte. Susanne de Caux, Desbordes' Witwe, brachte im Mai 1721 über ein in Westeuropa verzweigtes Netz kalvinistischer Buchhändler eine Auflage der *Perserbriefe* auf den Markt; die Zahl der Exemplare war offenbar gering, und der Satz wurde nicht einmal für eine zweite Auflage aufbewahrt. Als Unternehmerin war Susanne de Caux von dem Buch also nicht völlig überzeugt. Vielleicht empfand sie Sympathien für die darin angedeuteten Frauenschicksale und für die allgemein-philosophischen Bemerkungen über die Stellung der Frauen in der patriarchalischen Gesellschaft. Über die generelle Religions- und Kirchenkritik in Montesquieus Erstling konnte die überzeugte Protestantin nicht vollkommen glücklich sein, aber von entscheidender Wichtigkeit waren für sie die darin enthaltenen Spitzen gegen das politische und kirchliche Establishment in Frankreich. Sie wurden jedenfalls in einer Rezension der *Perserbriefe*, die bald in der ebenfalls von Susanne de Caux verlegten Zeitschrift «Lettres Historiques» erschien, in besonderer Weise hervorgehoben. Die Verlegerin kam bei der Pariser Zensurbehörde, der Librairie, um eine offizielle oder stillschweigende Genehmigung ein, aber die *Perserbriefe* wurden dort «uneingeschränkt mißbilligt».

Der Name des Verfassers der *Perserbriefe* war weggelassen worden, und als Verlag fand sich der eines gewissen Pierre Marteau in Köln angegeben. Er war aus der Luft gegriffen, wurde damals aber auch sonst gelegentlich als Deckname für provokative Bücher benutzt – geradezu ein Markenzeichen. Während bald Nachdrucke erschienen, für die der – real existierende – Amsterdamer Verleger Pierre Brunel verantwortlich zeichnete, brachte Susanne de Caux im Oktober 1721 eine zweite, veränderte Auflage der *Perserbriefe* heraus, die freilich – so hat der Literaturhistoriker Edgar Mass nachgewiesen – auf einem älteren, einfacher strukturierten, weniger aufklärerischen Manuskript beruhte. Das Motiv für diesen Rückschritt bleibt im dunkeln. Die heutzutage gelesenen *Perserbriefe* basieren nicht auf den Ausgaben von 1721, sondern auf den Varianten von 1754 oder 1758.

Die *Perserbriefe*, die später, 1751, im Zusammenhang mit dem Streit um *Vom Geist der Gesetze*, noch auf den kirchlichen Index gesetzt wurden, bewegten sich in einer Grauzone. Was war anstößig an den Briefen der beiden von Montesquieu erdichteten Perser Usbek und Rica, die angeblich zwischen 1711 und 1720 Europa, vor allem Frankreich, bereist und ihre Eindrücke nach Hause berichtet hatten, nach Isfahan und Smyrna? Montesquieu ließ seinen Rica den Papst als *einen Zauberer* verspotten, als *einen alten Götzen, den man aus Gewohnheit beweihräuchert*; er mache glauben, *daß drei nur eins, daß das Brot, das man ißt, kein Brot oder der Wein, den man trinkt, kein Wein sei, und tausend andere Dinge dieser Art*[52]. Katholische Priester wurden von den beiden Persern aus naheliegenden Gründen als *Derwische* bezeichnet. Usbek, zu einer Gesellschaft eingeladen, erkundigte sich, wer *der beleibte schwarzgekleidete Herr* sei, *den jene Dame gebeten hat, bei ihr Platz zu nehmen*, und erhielt zur Antwort: *Das ist ein Prediger, und – was noch schlimmer ist – ein Beichtvater. So, wie Sie ihn hier sehen, weiß er mehr als die Ehemänner. Er kennt die Schwächen der Frauen; diese aber wissen, daß auch er seine Schwächen hat.*[53] Wenn Usbek – angeblich im Jahre 1713 – nach Hause schrieb, der französische König schwärme für die (bekanntermaßen despotische) Regierungsweise der Türkei und Persiens, so war dies ein Angriff auf den Absolutismus Ludwigs XIV., der einem Zensurbeamten schnell auffallen konnte – allerdings war der Sonnenkönig seit 1715 tot. Unverblümt dagegen war die Usbek in den Mund gelegte Kritik an der Aufhebung des Edikts von Nantes: *Für Spanien hatte die Vertreibung der Juden schlimme Folgen, und es war auch für Frankreich ein Nachteil, daß diejenigen Christen drangsaliert wurden, deren Glaube ein wenig von dem des Fürsten abwich.*[54] Und an anderer Stelle ließ Montesquieu seinen Usbek gar zu der Erkenntnis gelangen, *daß die Anhänger von geduldeten Religionsgemeinschaften sich im allgemeinen nützlicher machen für ihr Vaterland als diejenigen, die zur herrschenden Religion gehören*[55].

Daß die *Perserbriefe* dann nicht unter gezielter Verfolgung durch die Zensur zu leiden hatten, mochte an ihrer Doppelbödigkeit liegen. Gehörte es nicht zur Rolle der Briefschreiber, Befremden gerade auch gegenüber solchen Verhaltensweisen zu äußern, an denen in Frankreich kaum jemand zu rütteln wagte? Später hat Montesquieu erläutert: *Sehr viele Leser haben manches allzu gewagt empfunden; ich muß sie bitten, die Eigenart des Werkes zu beachten: Die Perser, die darin eine so große Rolle spielen sollten, fanden sich plötzlich […] in eine andere Welt verpflanzt. Es war notwendig, sie eine Zeitlang voll Unwissenheit und voller Vorurteile darzustellen.*[56] War es nur der Perser Usbek, der die Einführung der prinzipiellen Unauflöslichkeit der Ehe durch das Christentum und deren *kaum glaubliche, schreckliche Konsequenzen* beklagte? Oder war es Montesquieu selbst, der befand, diese Religion habe dabei gehandelt *wie jene Tyrannen, die lebende Menschen an Leichname binden ließen*[57]? Seinen Rica ließ Montesquieu zwei intellektuelle Hochstapler bei ihren Plänen belauschen, durch abgekartete Bonmot-Wechsel einen Platz in der Pariser Salonwelt und vor allem in der altehrwürdigen Académie française zu ergattern: *Tu, was ich dir sage*, riet da ein Aufschneider dem anderen, *und ich verspreche dir innerhalb von sechs Monaten einen Platz in der Akademie. Ich will dir damit sagen, daß die Arbeit nicht lang sein wird, denn dann kannst du deine Kunst wieder aufgeben, und du wirst als ein Mann von Geist gelten, ob du willst oder nicht. In Frankreich kann man feststellen, daß ein Mann, sobald er einer Gruppe der Gesellschaft angehört, den sogenannten*

Gruppengeist annimmt. So wird es auch dir ergehen, und ich fürchte nur deine Verlegenheit vor dem Beifall.[58]

Die kabarettistischen Höhepunkte der Satire sind damit freilich schon ungefähr zur Hälfte aufgezählt. Die auf ein knappes Vorwort begrenzte Rahmenerzählung – der ungenannte Übersetzer und Herausgeber der *Perserbriefe* gibt vor, mit deren Verfassern zusammengelebt und noch weitere des von ihnen abgeschickten und empfangenen ihrer Briefe in der Schublade zu haben – ist pfiffig, mehr aber noch fadenscheinig: Als ob die Perser von ihren Briefen Kopien gefertigt hätten! Sie wird am Schluß des Buches denn auch nicht wiederaufgenommen. Die Handlung des später gelegentlich, aber nicht ganz zutreffend als «Briefroman» bezeichneten Buches ist dürftig; sie vollzieht sich fast ausschließlich in Usbeks Serail in Isfahan, wo während seiner zehnjährigen Abwesenheit zunehmend Konflikte zwischen seinen fünf Haremsfrauen und ihren Sklavinnen sowie den vier schwarzen und den drei weißen Eunuchen entstehen. Daß die Zeit auch in Frankreich fortschreitet, wo Rica und Usbek ihre Betrachtungen anstellen, wird nur aus den aufeinanderfolgenden Daten ihrer (vielfach austauschbaren) Briefe ersichtlich, allenfalls noch aus den politischen Ereignissen, auf die sie gelegentlich Bezug neh-

Premiere des Theaterstücks «Les deux Persans» von Dominique Triaire in Montpellier 1992

men. Von einer Entwicklung der Persönlichkeiten Usbeks und Ricas ist nur wenig zu spüren, auch stören Stilbrüche in ihren Briefen. Das Buch trägt den Charakter der Zufälligkeit. Die Form der Briefsammlung erlaubt es, an beliebigen Stellen Einschübe vorzunehmen, sie verzeiht jegliche Sprunghaftigkeit – ist diese doch offensichtlich den fiktiven Verfassern der Briefe anzulasten oder dem Umstand, daß nicht alle Schriftstücke dem Sammler in die Hände gefallen sind. Die Technik ist so recht geeignet für einen literarischen Anfänger – freilich auch für Meisterwerke: Der Philosoph Blaise Pascal war 1656 anonym mit seiner polemischen Schrift «Les provinciales» zur Verteidigung des Jansenismus angetreten: In den Briefen eines naiven «Bewunderers» der Jesuiten hatte er die Kritik an diesem Orden verborgen. Nur waren die Briefe dort nicht hin- und hergegangen.

Später, 1754, hat der schon berühmt gewordene Montesquieu – stolz über den Erfolg der Satire und in Abwehrstellung gegenüber jansenistischer Kritik[59] – der von ihm autorisierten Neuauflage der *Perserbriefe* ein prätentiöses Vorwort vorangestellt: Sie hätten *vor allem dadurch Gefallen gefunden, daß man in ihnen, ohne es zu erwarten, eine Art Roman erkannte mit einem Anfang, mit fortschreitender Handlung und mit einem Ende. Die einzelnen Personen sind miteinander verbunden wie mit einer Kette […], einer geheimen und gewissermaßen unbekannten Kette.*[60] In Wahrheit dürfte Montesquieu selbst erstaunt – und erfreut – über die von ihm hier zitierte Deutung gewesen sein. So manche Gelehrte haben seither nach der *geheimen Kette* gesucht, aber es scheint, der gewitzte Philosoph habe sie eigens für literaturwissenschaftliche Tüftler erfunden; zuvor hatte er – stolz auf die Fruchtbarkeit seiner in den *Perserbriefen* skizzierten soziologischen Hypothesen auch für das Werk *Über den Geist der Gesetze* – darauf hingewiesen, daß *viele Wahrheiten erst als solche kenntlich* würden, nachdem *man die Kette gesehen* habe, die sie mit den übrigen verbinde.[61] Der Ketten-Topos hatte es Montesquieu angetan, und was dient dem Renommee eines Werkes mehr als der überzeugend vorgetragene Anspruch auf ein Geheimnis? Mit den Ansichten der neueren Literaturgeschichte in Übereinstimmung befand sich Montesquieu, als er 1754 die *Perserbriefe* und auch Samuel Richardsons «Pamela» (1740) – genau diese wird heute gemeinhin als der erste Briefroman betrachtet – einem Trend zur psychologisierenden «Empfindsamkeit» zuordnete: Solcherart Bücher hätten Erfolg, *weil man über seine augenblickliche Situation selbst berichtet; dadurch gelingt es, die Leidenschaften deutlicher spüren zu lassen*[62].

Abgesehen von der Form des Briefwechsels war die den *Perserbriefen* zugrundeliegende Idee nicht neu. Der Orient war im Frankreich des beginnenden 18. Jahrhunderts en vogue. Zwischen 1704 und 1717 waren die Märchen aus «Tausendundeiner Nacht» in die Landessprache übersetzt worden. 1707 hatte der Philosoph Pierre Bayle in seinem «Historisch-kritischen Lexikon» überlegt, daß ein Bericht über das Abendland aus der Sicht eines Japaners oder Chinesen, der mehrere Jahre lang in den großen Städten Europas gelebt hätte, eine interessante Sache sein könnte. Der Italiener Giovanni Paolo Marana hatte bereits 1684 seinen «Spion des Grand-Seigneur» über die Sitten der Pariser in Erstaunen geraten lassen; Montesquieu besaß dieses Werk, das 1717 in Köln unter dem Titel «Der türkische Spion an den Höfen der christlichen Fürsten» erneut herausgekommen war. Auf der Titelseite eines der noch 1721 auf den Markt geworfenen Nachdrucks der ersten Auflage der *Perserbriefe* war zu lesen, sie seien «im Stil des ‹Spions an den Höfen›» verfaßt worden. Charles Dufresny, Kammerherr Ludwigs XIV., hatte 1699 in den «Ernsten und komischen Amüsements eines Siamesen in Paris» einen Reisenden aus Fernost eingesetzt, um aus exotischer und insofern entschuldbarer Sichtweise mildes Befremden über einige Züge der französischen Gesellschaft zu verbreiten. Hier bereits, in diesen ersten Versuchen einer die Analyse erleichternden Verfremdung, hatte die «soziologische Revolution» ihre Wurzeln, die von Montesquieu in den *Perserbriefen* «für sich persönlich» vollzogen wurde.[63] Auf Persien als Ort des distanzierten Betrachters war Montesquieu wohl deshalb verfallen, weil in dem ihm durch Fréret und Hoange vertrauten China der Kaiser K'ang-shi 1717 dazu übergegangen war, die katholischen Missionare zu vertreiben. Die Türken waren durch ihr Vordringen nach Europa verhaßt, aber Persien bot nicht nur eine alte, ernstzunehmende Kultur, sondern auch Haremsintrigen, und es lag Europa näher als Indien oder Japan.

Die ansprechende Verarbeitung von Idee und Stoff in den *Perserbriefen* ist allein dem Konto Montesquieus gutzuschreiben. Mit drei längeren, teils philosophischen, teils soziologischen Texten und mit dem Märchen von Apheridon und Astarte – einer Relativierung des Inzesttabus – setzte er sich zwar über die Form des Schriftwechsels hinweg[64]; aber ganz überwiegend wurde die Botschaft der *Perserbriefe* in Portionen verabreicht, die den Umfang genau eines Briefes hatten. Diese Botschaft lautete ungefähr: 1. Frankreichs Gesellschaft, einige ihrer zentralen Institutionen und typischen Verhaltensweisen seien – unvoreingenommen betrachtet – mit dem gesunden Menschenverstand nur schwer vereinbar; 2. die individuelle Vernunft, die die Kulturgrenzen überschreite, sei berufen und bis zu einem gewissen Grad auch in der Lage, alle Vorstellungen und Handlungen, sogar (und gerade auch) die scheinbar selbstverständlich gebotenen oder verworfenen, einer kritischen Prüfung zu unterziehen; 3. als Maßstab diene das Ideal einer friedlichen, aktiven, Handel treibenden, sich vermehrenden Gesellschaft, deren Mitglieder untereinander und gegenüber anderen Gesellschaften Toleranz, Gerechtigkeit und Selbstdisziplin praktizieren und die Menschenwürde respektieren. Montesquieus gesellschaftspolitisches Ideal, in dessen Mittelpunkt damals noch das System der Republik und die Tugendhaftigkeit ihrer Bürgerinnen und Bürger standen, fand sich im Gleichnis von den Troglodyten (Höhlenbewohnern) skizziert[65]: Ursprünglich ein Volk *ohne jeglichen Grundsatz von Recht und Billigkeit*, gingen sie zugrunde – bis auf zwei ehrbare Familien, die zu den Gründern einer neuen, ebenso tugend- wie wehrhaften und stark zunehmenden Bevölkerung wurden. Als diese eines Tages beschloß, einen König zu wählen, wurde sie von dem dazu Auserkorenen, einem würdigen Greis, heftig zurechtgewiesen. Nur aus Bequemlichkeit, so lautete sein Vorwurf, wollten die Troglodyten sich lieber Befehlen unterstellen denn ihre Bemühungen fortsetzen, gemäß ihrem Gewissen und den Erfordernissen für ein gedeihliches Zusammenleben viel tugendhafter zu leben, als es unter der Herrschaft eines Königs je geschehen könne. Die Fabel warnte vor dem Abgleiten einer Republik in die Monarchie, war aber nicht an die Adresse der Monarchen (und potentiellen Tyrannen) gerichtet, sondern an deren eventuelle Untertanen, also an alle Menschen gleichermaßen: Sie sahen sich zu einer ethisch fundierten Selbstverwaltung aufgerufen. Wir wissen nicht, ob Montesquieu zu dieser Zeit schon den Londoner Arzt Bernard de Mandeville und dessen genau entgegengesetzte, 1714 in London erschienene «Bienenfabel» mit dem programmatischen Untertitel «Private Laster, öffentliche Vorteile» kannte, eine Variante machiavellistischer Gesellschaftstheorie.[66] Nachweislich aber kannte er den Italiener Niccolò Machiavelli (1469–1527) sowie Thomas Hobbes (1588–1679) und John Locke, und seine Troglodyten-Fabel richtete sich gegen den Zynismus des einen und die Theorie eines Gesellschaftsvertrags, die von den beiden Engländern variiert worden war. Für Montesquieu lag auf der Hand, was wir heute wissen: daß die Menschen schon immer in Gesellschaft gelebt haben.[67]

Der Kunstgriff Montesquieus, die Kritik an französischen Zuständen ausgerechnet Persern in den Mund zu legen, die ihrerseits Repräsentanten eines noch weit weniger vernunftgemäßen Gesellschaftssystems waren, vermied Tugendfanatismus und sorgte in philosophischer Weisheit dafür, die Probleme in der Schwebe zu halten: Welche Bedeutung konnte schon dem Urteil Usbeks über die zu strenge Behandlung von Selbstmördern in Europa beigemessen werden[68], wenn dieser Privatdespot seine Haremsfrauen von ebenso heuchlerischen wie sadistischen Eunuchen disziplinieren ließ? Oder war es – andersherum – eher so, daß Usbeks zuweilen auch von Humanismus geprägten Ansichten die Grausamkeit der von ihm in Isfahan praktizierten sexuellen Ausbeutung relativierten und damit auch das voyeuristische Vergnügen einer vorwiegend männlichen Leserschaft entschuldbar machten? Jedenfalls boten die teils erotisierenden, teils deprimierenden Bilder, die in dem Briefwechsel zwischen Usbek sowie seinen Frauen und Haremswächtern vom Leben im Serail gezeichnet wurden, Erholung für den Intellekt und auch Spannung zwischen den politisch-philosophischen Briefen. Die *Perserbriefe* waren die pointierte, aber maßvolle und ansprechend verpackte Kritik eines Privilegierten. Dies trug sicherlich zur Ausschöpfung der potentiellen Leserschaft bei. Wenn Voltaire das Publikum der französischen Literatur im 17. Jahrhundert auf zwei- bis dreitausend Leute schätzte[69], mochte diese Zahl zur Zeit der Régence auf das Dreifache gestiegen sein. In der ersten Hälfte des 18. Jahrhunderts sollen bis zu 30000 Personen einmal oder mehrfach pro Jahr ein Pariser Theater aufgesucht haben[70], aber wohl kaum die Hälfte dieser Leute las anspruchsvolle Romane. Einem Versuch, dieses Publikum wesentlich zu erweitern oder sich gar an ein anderes zu wenden, standen Bildungsschranken im Wege.

Viele Aphorismen in den *Perserbriefen* können von der Person, der sie zugeordnet waren, abgelöst und verselbständigt werden. Rica formuliert in bester Moralisten-Tradition: *Wenn Bescheidenheit eine unentbehrliche Tugend ist bei solchen, denen der Himmel große Gaben verliehen hat, was soll man dann von jenen sagen, die, unbedeutend wie Insekten, es wagen, einen Stolz zur Schau zu tragen, der den größten Männern zur Unehre gereichen würde?*[71] Die psychologisch-einfühlsame Beobachtung von Menschen und die ethische Bewertung ihrer Handlungen war im späten 16. und im 17. Jahrhundert vor allem von Montaigne, Pascal und La Bruyère begonnen und gepflegt worden. Stellenweise freilich wechseln bei Montesquieu Symptome bürgerlicher Sittenstrenge mit frivolen Splittern, die dann in besonderer Weise geeignet sein mochten, ihrem Verfasser, über dessen Identität schon bald ebenso eindeutige wie zutreffende Mutmaßungen kursierten, den Zutritt zum libertinistisch-geschliffenen Milieu der Pariser Salons zu eröffnen: *Ein Mann, der seine eigene Frau liebt, ist hier ein Mann, der nicht genügend Vorzüge besitzt, um sich von einer anderen lieben zu lassen.*[72] Aktualität und Authentizität erhielten die *Perserbriefe* durch Usbeks und Ricas Anspielungen auf die zum Teil erst unmittelbar zurückliegenden Ereignisse in den ersten Jahren der Régence – jener Interimszeit bis zur Volljährigkeit Ludwigs XV. Laws Notenbank hatte in kurzer Zeit einen so umwerfenden Erfolg, daß sie 1718 gar zur Königlichen Bank und 1719 – angesichts beginnender Konkurrenz – zur Monopolbank erklärt wurde; sie begann, die Gläubiger des Staats mit ihren Aktien zufriedenzustellen. Da dieser Erfolg jedoch weniger ökonomisch denn psychologisch begründet war, zeigte die Bank sich 1720 einer Vertrauenskrise nicht gewachsen.

Der Krach hatte zum Teil gewaltige Vermögensumschichtungen zur Folge. *Ich habe erlebt*, schrieb Usbek 1720, einen Monat bevor sich Law angesichts des von ihm angerichteten Scherbenhaufens in die spanischen Niederlande absetzte, *wie in den Herzen plötzlich ein unersättlicher Durst auf Reichtümer entstand. Ich habe erlebt, wie sich in einem Augenblick eine abscheuliche Verschwörung bildete mit dem Ziel, nicht durch ehrbare Arbeit und edlen Gewerbefleiß reich zu werden, sondern dadurch, daß man den Fürsten, den Staat und die Mitbürger ruinierte.*[73]

Die «Polysynodie» hatte der Regent wegen mangelnder Kooperation des Hochadels schon zwei Jahre zuvor durch einen Ministerrat ersetzt, und er verbannte jetzt, ebenfalls 1720, das unbotmäßige Pariser Parlament vorübergehend nach Pontoise – Anlaß für Montesquieu, seinen Rica ein Plädoyer für die Parlamente als Volksvertretungen halten zu lassen: Während eine Menge von Höflingen den Königen *unablässig ein glückliches Volk unter ihrer Herrschaft darstellt, kommen sie und widerlegen die Schmeichler und bringen das Stöhnen und die Tränen derer, die sie vertreten, zu den Füßen des Throns*[74]. Nur wer war das Volk? Eine aristokratisch verengte Sichtweise legte Montesquieu an den Tag, wenn er Usbek feststellen ließ, es gebe in Frankreich drei Stände – den Klerus, den Schwertadel und den Amtsadel: so wurde der Adel verdoppelt und das aufstrebende Bürgertum ignoriert.[75]

Auch außenpolitische Ereignisse gerieten ins Blickfeld der «Perser». Der Soldatentod des schwedischen Königs Karl XII. bei der Belagerung von Frederikshalt und die darauf folgende Hinrichtung seines Ministers wegen verfehlter Diplomatie nahm Rica zum Anlaß der Bemerkung, *daß es fast nie einen so bösartigen Fürsten gibt, daß sein Minister ihn nicht noch überträfe. Wenn er etwas Schlechtes begeht, so ist ihm das fast immer eingeflüstert worden.*[76] Von der Monarchie hielt Montesquieu damals noch nicht soviel wie später. Sie sei, so Usbek, *ein auf Gewalt gegründeter Zustand, der immer in Despotie oder in eine Republik entartet, denn die Macht kann nie gerecht zwischen Volk und Fürst geteilt werden, weil es zu schwierig ist, das Gleichgewicht zu halten. [...] Im allgemeinen liegt der Vorteil aber beim Fürsten, weil er an der Spitze des Heeres steht.* Die Neigung des jüngeren Montesquieu gehörte den Republiken, ursprünglich oder als Zerfallsprodukt aus Monarchien *nur durch Zufall und im Laufe der Jahrhunderte entstanden* und wie im antiken Griechenland erfüllt von der *Liebe zur Freiheit* und dem *Haß auf die Könige*.[77]

Wie ein Vorgriff auf *Vom Geist der Gesetze* mutet heute Usbeks Erstaunen über die Unterscheidung französischer Philosophen zwischen positiven Gesetzen und Naturgesetzen an: *Die normalen Gesetzgeber mögen uns Gesetze vorschlagen, um die menschlichen Gesellschaften zu regeln. Das sind Gesetze, die dem Wandel ebenso unterliegen wie der Geist derer, die sie vorschlagen, und der Völker, die sie befolgen. Diese Philosophen aber sprechen nur von allgemeinen, unwandelbaren und ewigen Gesetzen, die ohne Ausnahme und mit unendlicher Ordnung, Regelmäßigkeit und Schnelligkeit in der Unendlichkeit des Raumes herrschen.* Montesquieu schwankt bei dem Versuch einer Bestimmung von Gesetzen und Gerechtigkeit zwischen – wie wir heute sagen würden – Rechtspositivismus und Naturrecht, zwischen Konventionalismus und Platonismus. Handelt es sich um die Ergebnisse von Übereinkünften und Tradition oder um real existierende, ewige, unveränderliche Wesenheiten? Über die Gerechtigkeit meint Usbek in einem Atemzuge beides; sie sei einerseits *eine auf Übereinkunft beruhende Beziehung, die tatsächlich zwischen zwei Dingen besteht*, andererseits sei diese Beziehung *immer die gleiche, welches Wesen sie auch betrachten mag, sei es Gott, sei es ein Engel oder schließlich ein Mensch*[78]. Usbek räumt zwar ein, daß *die meisten Gesetzgeber beschränkte Menschen* gewesen seien, bringt jedoch einen mit dieser Einsicht schwer zu vereinbarenden Konservatismus zum Ausdruck: *Nur mit bebender Hand* solle man an bestehenden Gesetzen rühren. Auf dem Boden des Positivismus befindet sich Montesquieu auch, wenn er seinen Usbek implizit definieren läßt, Freiheit bestehe darin, alles tun zu können, was die menschlichen Gesetze nicht ausschlössen. Das ist zuviel, aber auch zuwenig: Weder den Gesetzgebern sind hier Schranken gesetzt noch den Starken und Rücksichtslosen in einer Gesellschaft. Aber wir finden in den *Perserbriefen* auch zaghafte Schritte in Richtung auf die ebenso empirisch haltlose wie ethisch segensreiche und für die menschliche Würde unabdingbare Konstruktion eines Naturrechts, das die Unverletzbarkeit des Individuums zum Inhalt hat: Wenn Gesetze geändert werden müßten, so bemerkt Usbek, dann geschehe dies *aus einer Eigentümlichkeit mehr der Natur als des Geistes der Menschen*[79], und die Ausnutzung eines gegen die Menschenwürde verstoßenden Gesetzes scheint ihm peinlich.[80] Ein Naturrecht, das mit den die menschliche Natur bestimmenden Naturgesetzen in Einklang steht, feiert am Schluß der *Perserbriefe* einen – wenn auch nur vorübergehenden – Triumph: Die Haremsfrau Roxane hat *die Gesetze der Natur* insgeheim höher gestellt als die Gesetze ihres Gebieters und darin ein Stück Freiheit gefunden. Gewiß, sie ist vor den Machtverhältnissen in den Freitod ausgewichen, aber ihre Rebellion verleiht den *Perserbriefen* einen in die Zukunft weisenden Abschluß.

Die *Perserbriefe* zeichnen sich durch eine große Vielfalt an Themen aus. Selbst der schon seit 1671 geführte, vorwiegend literaturtheoretische Streit zwischen «Alten» und «Modernen» war Montesquieus Persern aufgefallen, ferner die Komplexität der ontologischen Gottesbeweise und die Ambivalenz des Fortschritts.[81]

Die *Perserbriefe* bildeten den intellektuellen Wendepunkt in Montesquieus Leben; mit 32 Jahren hatte er sie abgeschlossen. Ein Leben als Privatgelehrter – unabhängig aufgrund seines Grundeigentums – schien ihm erstrebenswert, nicht dagegen die Tätigkeit als Richter an einem Provinzparlament. Einige Pfeile hatte Montesquieu seine Perser auch gegen die Richter abschießen lassen. Rica ist zu Gast bei einem, der sich ein bequemes Leben macht: Nein, er interessiere sich nicht für diesen Beruf; nein, er habe kein Arbeitszimmer, denn seine Bücher habe er veräußert, um sein Amt erwerben zu können; nein, er vermisse die Gesetzbücher nicht, denn die konkreten Fälle ließen sich doch nicht unter allgemeine Regeln subsumieren; die eigentliche Arbeit werde durch die Anwälte erledigt, und die Richter fällten nurmehr die Urteile. Rica bedauert, daß diese Urteile durch Stimmenmehrheit zustande kommen; die Erfahrung zeige, *daß es besser wäre, nach der Minderheit zu gehen [...], denn es gibt sehr wenig gerecht denkende Köpfe, und alle Welt ist sich darin einig, daß es unendlich viele falsch denkende gibt*[82].

Montesquieus Richterlaufbahn dauerte nicht ganz zwölf Jahre. Nach dem Erfolg der *Perserbriefe* blieb er dem Parlament immer häufiger fern. Das änderte sich auch nicht, nachdem er 1723 eine Sondergenehmigung erhalten hatte, die Funktion eines Kammerpräsidenten schon einmal geschäftsführend wahrzunehmen. Der Erste Präsident sah sich mehrfach in der Verlegenheit, einen Ersatz-Vorsitzenden für das Kriminalgericht einzusetzen, sprang auch selbst gelegentlich ein und wandte sich 1726 gar an die Pariser Regierung, sie solle den säumigen Montesquieu zur Rückkehr nach Bordeaux bewegen. Es sprach für die Qualität der Beziehungen, die sich Montesquieu in der Hauptstadt mittlerweile zu schaffen gewußt hatte, daß der Kanzler und Justizminister ihm noch einige Tage Aufschub gewährte.

Die Fragen, um die es im Gerichtsalltag ging, so hat Montesquieu später in komischer Verzweiflung notiert, habe er schon begriffen, *doch vom Verfahren verstand ich nichts; ich habe mich trotzdem darum bemüht, aber, was mich am meisten anwiderte, war, daß ich bei Dummköpfen genau das Talent dafür bemerkte, das mir abging*[83]. Ein über das Tagesgeschäft des Parlaments hinausgehendes Engagement Montesquieus ist nur in drei Fällen bezeugt. 1721 stellte er (bezeichnenderweise) den Antrag, daß die Kammerpräsidenten von den Nachmittagssitzungen befreit würden. Ende 1722 wurde er – ohnehin in Paris weilend – vom Parlament der Guyenne damit beauftragt, offiziell beim Regenten Beschwerde gegen eine neue Weinexportsteuer einzulegen. Von anhaltender Wirkung war demgegenüber seine Grundsatzrede zur Eröffnung der Sitzungsperiode des Parlaments im November 1725, die dann auch gedruckt und noch bis zur Revolution, immer zum selben Termin, am Eingang des Parlaments verkauft wurde.[84] Die richterliche Gerechtigkeit, so führte Montesquieu darin aus, müsse aufgeklärt und kompetent sein, schnell, milde und allgemein. Die Rechtsmaterien seien bis zur Unübersichtlichkeit angewachsen, die prozeßführenden Parteien würden durch die Langwierigkeit der Verfahren häufig ruiniert. Ohne Mitmenschlichkeit und Leutseligkeit gegenüber jenen, die vor

Montesquieu trug die Amtstracht des Kammerpräsidenten nur zehn Jahre lang. Gemälde von Jean Lapenne für die Akademie von Bordeaux, 1739

ihm stünden und oft vom Schicksal gebeutelt seien, könne ein Richter unmöglich jedem das Seine zukommen lassen. Und schließlich sei Gerechtigkeit unteilbar: *Seien wir gerecht an allen Orten, unter allen Gesichtspunkten, gegenüber allen Personen und in allen Situationen!*[85] 1726 verpachtete Montesquieu Amt und Titel des Président à mortier mit der Klausel, daß er beides zu gegebener Zeit für seinen Sohn Jean-Baptiste zurückerhalten könne. Die vereinbarte Rente überstieg das mit dem Amt verbundene Einkommen um ein Mehrfaches. Damit war Montesquieu sowohl einige finanzielle Probleme los, die sich in den letzten Jahren ergeben hatten, als auch seinen Verdruß über den Richterberuf. Der nach den damaligen Gepflogenheiten von ihm weiterhin geführte Titel eines Präsidenten öffnete ihm nach wie vor viele Türen.

Das gesamte Jahr 1727 – im Februar wurde seine Tochter Denise geboren – verbrachte Montesquieu in Paris. Seit dem Erfolg der *Perserbriefe* war er bei Hof, in maßgeblichen philosophischen Gesellschaften und in einflußreichen Salons schon längst kein Unbekannter mehr, obwohl er seine Autorschaft stets bestritt. Der 1715 vom Regenten für die Guyenne ernannte Militärkommandant, Marschall James F. Berwick, ein unehelicher Sohn Jakobs II. von England, hatte Montesquieu bei Hof eingeführt. Zum Höfling allerdings fühlte sich der Philosoph nicht berufen: *Beim Anblick der meisten Großen*, so hat er notiert, *ergriff mich zunächst eine kindliche Furcht. Sobald ich sie kennenlernte, wandelte sie sich fast übergangslos bis hin zur Verachtung*, und die er nicht respektieren konnte, schätzte er gering.[86] Vom Hof aus war es dann nur ein Sprung nach Chantilly gewesen, wo Louis-Henri de Condé, Herzog von Bourbon, von 1723 bis 1726 französischer Regierungschef, ein prunkvolles und ausschweifendes Leben führte. Condé, der in der Law-Zeit erfolgreich spekuliert hatte, war ebenso beschränkt wie hochmütig, aber der Philosoph scheint sich in seinem prachtvollen Schloß wohl gefühlt zu haben. Einen noch freizügigeren Lebenswandel hatte Montesquieu in Bélébat (bei Fontainebleau) angetroffen, wohin er von der Marquise de Prie eingeladen wurde, einer intelligenten politischen Abenteurerin, die die Mätresse unter anderem von Law, dem Regenten und Condé gewesen war. Mit einer ihrer Cousinen, Marie-Anne de Grave, hatte er ein intimes Verhältnis gepflegt. Vor allem seine in Chantilly und Bélébat gesammelten Eindrücke und seine stets regen erotischen Phantasien hatte Montesquieu in dem antikisierenden und sentimentalen Prosagedicht *Der Tempel zu Gnidos* verarbeitet, das er ein *Gemälde der Wollust* nannte; es war ausgerechnet in der Karwoche des Jahres 1725 erschienen – wiederum anonym, aber mit königlicher Genehmigung in Paris.

Schon seit einiger Zeit hatte Montesquieu damit begonnen, intellektuelle Zirkel in der Hauptstadt zu frequentieren. Eine von

Montesquieus erotische Abenteuer finden sich im Prosagedicht «Le Temple de Gnide» verarbeitet. Frontispiz der Ausgabe von 1772

Desmolets veranstaltete literarische Gesellschaft, an der Montesquieu teilnahm, hatte aufgrund jesuitischer Anfeindungen und staatlichen Drucks bald wieder aufgelöst werden müssen. Auch in den Versammlungen, die in der Bibliothek des Kardinals von Rohan im Hôtel de Soubise stattfanden, machte sich jesuitischer Einfluß bemerkbar; den zweiten Vorsitzenden dort, den Pater René-Joseph Tournemine, seit 1701 Herausgeber des verbreiteten Jesuiten-Organs «Journal de Trévoux», fand Montesquieu ekelhaft: *Eines kann ich mit dem aufgeklärten Sinn unseres Jahrhunderts nicht vereinen: das Ansehen der Jesuiten*, schrieb er einmal.[87] Dennoch hatte er – stets bereit, zwischen Jesuiten und Jesuiten zu differenzieren – 1724 seinen Sohn Jean-Baptiste auf das teure Jesuiten-Kolleg «Louis le Grand» in Paris geschickt und dem Jesuitenpater Louis-Bertrand Castel in Obhut gegeben. Seit 1725 war Montesquieu gelegentlich zu Gast im 1720 gegründeten, schon bald legendären «Club de l'Entresol». Jetzt, 1727, besaß er freilich die Ungeschicklichkeit, in diesem höchst anspruchsvollen, politisch engagierten Zirkel seinen nur mittelmäßigen *Dialog zwischen Sulla und Eukrates* vorzutragen – ein Stück, das in der Akademie von Bordeaux eher angebracht gewesen wäre.[88] Danach ist Montesquieus Beziehung zum «Club de l'Entresol», dessen zum Teil konspirative Methoden

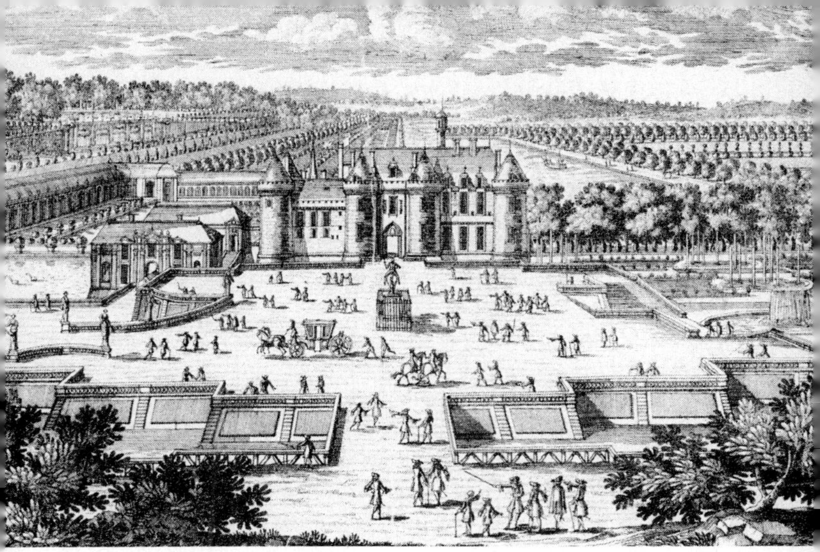

Das Leben im Schloß Chantilly (nördlich von Paris) zog Montesquieu den Gerichtssälen vor.

sich 1731 durch seine zwangsweise Auflörung gerechtfertigt fanden, wohl eingeschlafen.

Mehr als ein Zaungast war Montesquieu seit 1724 im Salon der Marquise Anne-Thérèse de Lambert. Der Autor der *Perserbriefe* gehörte zum Kern dieser damals wohl einflußreichsten schöngeistigen Gesellschaft. Hier, im Hôtel de Nevers, einem später zur Nationalbibliothek gehörenden Gebäude, trafen sich mehrere Angehörige der 1635 unter der Schirmherrschaft von Richelieu gegründeten Académie française, darunter deren Ständiger Sekretär, der Dichter und Philosoph Bernard de Fontenelle; ihm hatte Montesquieu seine Einführung in den Salon zu verdanken. Fontenelle (1657–1757) hatte 1687 in aufsehenerregender Weise Position in der «Querelle des Anciens et des Modernes» bezogen, dem zunächst rein literaturtheoretischen, dann zunehmend auch philosophischen «Streit der Alten und der Modernen», der sich schon 1657 an der Frage entzündet hatte, ob die Schriftsteller des klassischen Altertums weiterhin Vorbildgeltung beanspruchen dürften. Fortschritt, so ungefähr lautete Fontenelles These, setze sich in einem ewigen Prozeß gegen Hindernisse wie Tradition, Gewohnheit, Vorurteile und Aberglauben durch – infolge stetigen Anwachsens der Erfahrung und der wissenschaftlichen Kenntnisse. Der Streit wurde mit immer neuen

Varianten gerade auch im Salon von Madame de Lambert fortgeführt, aber Montesquieu, der sich bereits darüber in seinem XXXVI. Perserbrief mokiert hatte, hütete sich, Partei zu ergreifen. Immerhin dürften durch die ebenso engagierte wie kultivierte Konversation bei Madame de Lambert mehrere Schriften Montesquieus angeregt worden sein – teils vorgetragen wie die *Abhandlung über die Pflichten* (1725 in der Akademie von Bordeaux), teils unselbständig veröffentlicht wie die Abhandlung über *Wertschätzung und Ansehen* (in der «Bibliothèque française» 1726), teils fragmentarisch geblieben und im Rahmen der *Gedanken* überliefert wie der *Dialog zwischen Xantippe und Xenokrates*. Da der Hof zu Versailles während der Regentschaft, also bis 1723, aufgelöst war, gaben – wie schon in der ersten Hälfte des 17. Jahrhunderts – einige der jeweils von Damen geführten, aber fast ausschließlich von Herren besuchten Salons kulturell den Ton an. Einer der Stammgäste bei Madame de Lambert, Charles-Jean-François Hénault, Kammerpräsident im Pariser Parlament, hat in seinen Memoiren festgehalten, daß jeder, der Mitglied der Académie française werden wollte, sich der Unterstützung dieses Salons versichern mußte. Hénault, Literat und Historiker, der diesen Sprung 1723 selbst geschafft hatte, übertrieb, aber zwischen 1700 und 1733 gehörten immerhin dreizehn der neugewählten Académiciens dem «lambertinischen Clan» an, ein Fünftel[89]. Der Salon im Hôtel de Nevers galt als das «Antichambre» der Académie française, die selbst aus einer Art Salon hervorgegangen war. Als 1727 der «lambertinische» Akademiker Louis de Sacy verschied, wurde Montesquieu von der achtzigjährigen Prinzipalin für seine Nachfolge nominiert.

Kein weiterer Aspirant trat auf den Plan. Nur vorübergehend erwogen die traditionalistischen Kräfte, die die Respektlosigkeit der *Perserbriefe* verabscheuten, Montesquieu einen Zählkandidaten entgegenzustellen. Viel mehr als die vierzig herausragenden Geister, die bereits in der Akademie saßen, waren in Paris offenbar nicht aufzutreiben – zumindest nicht mit Hilfe des undurchsichtigen Rekrutierungssystems, und die Berufung von Provinzgrößen war selten. Montesquieus Gegner mobilisierten den Premierminister Ludwigs XV., den Kardinal André Hercule de Fleury, indem sie ihm durch Pater Tournemine eine Blütenlese der *Perserbriefe* vorlegten – mit den Zitaten, in denen sich König und Papst zu Zauberern herabgewürdigt fanden und eben jene Académie lächerlich gemacht wurde, die zu erobern der Autor sich soeben anschickte: *Ich habe*

Madame de Lambert nahm Montesquieu in ihren Salon auf und förderte seine Kandidatur für die Académie française.

von einer Art Gericht gehört, so hatte Rica geschrieben, *das Académie française heißt. Es gibt keins in der Welt, das weniger geachtet würde […] Die Mitglieder des Gerichtshofes haben nichts anderes zu tun, als ständig zu schwatzen, Lobreden mischen sich wie von selbst in ihr ewiges Gewäsch, und sobald sie einmal in seine Geheimnisse eingeweiht sind, werden sie von der Sucht nach Lobeshymnen gepackt und nicht mehr freigelassen. Dieser Körper hat vierzig Köpfe voller Redefiguren, Metaphern und Antithesen …*[90]

Nun schien Montesquieu in der Klemme. Entweder, so frohlockten seine Widersacher, hatte er die *Perserbriefe* verfaßt und sich damit unmöglich gemacht. Oder er hatte sie nicht verfaßt: Doch was hatte er dann überhaupt als schöpferische Leistung vorzuweisen? Der zwischen den Lagern stehende Jean-Nicolas de Bouhier, ein Parlamentspräsident aus Dijon, war konzilianter: Irgendeine Anerkennung verdiene ein Mann wohl letztlich, der Opfer gebracht habe, wie man sie früher für das Evangelium auf sich genommen, ein Mann, der für die Akademie Frau, Kinder, Amt und Heimat verlassen habe.[91] Montesquieu, dessen asketische Neigungen hier überschätzt wurden, packte den Stier bei den Hörnern. Er erbat eine Audienz bei Fleury, und dieser verzichtete darauf, ein königliches Veto gegen Montesquieus Wahl in die Akademie ins Feld zu führen. Ungeachtet dessen wurden aber auch in der Folgezeit noch Exemplare der *Perserbriefe* beschlagnahmt. Montesquieu erhielt – traditionsgemäß in zwei Wahlgängen, am 20. Dezember 1727 und am 15. Januar 1728 – die Mehrheit der Stimmen der anwesenden Akademiemitglieder. Am 24. Januar wurde er offiziell in der Akademie, die ihre Räume in einem Seitenflügel des Louvre hatte, empfangen. Seine Rede ist von seinem Biographen Robert Shackleton als Meisterwerk der Redekunst und Wortgewandtheit, von seinem Biographen Louis Desgraves dagegen als «ziemlich fade» beurteilt worden.[92] Die Ansprache des amtierenden Direktors der Akademie war jedenfalls voller Spitzen: Montesquieus Renommé beruhe auf den gelehrten Abhandlungen, die er in Bordeaux vorgetragen hatte; seine offenkundige Begabung werde die Akademiemitglieder jedoch veranlassen, ihm auch die anonymen Werke zuzuschreiben, in denen «Phantasie, Feuer und kühne Einfälle» zu entdecken seien, und zwar – so sah sich der Geehrte direkt angesprochen – ungeachtet «der Vorsichtsmaßnahmen, die Ihnen Ihre Umsichtigkeit nahelegt». Künftig möge sich Montesquieu zu seinen Büchern so früh wie möglich bekennen, damit er den ihm gebührenden Ruhm ernte und auch der Académie française zur Ehre gereiche.[93] Den solcherart Verspotteten brauchte dies nicht zu bekümmern. Er hatte gerade erst sein 40. Lebensjahr begonnen. Im April 1728 verließ er Frankreich, um sich drei Jahre lang in Europa umzusehen. Seine Reise führte ihn durch Österreich und Ungarn, durch Italien und Deutschland, die Niederlande und schließlich nach England; ein halbes Jahr verbrachte er in Rom und achtzehn Monate in London. Seine Ländereien und seine Familie vergaß er. Als der Schriftsteller Henri Beyle alias Stendhal 1838 den französischen Süden durchstreifte, ließ er sich in La Brède von Bewohnern erzählen, Montesquieu habe nur geschrieben, wenn er Geld brauchte, und manchmal ein Jahr lang nicht.[94] Nicht einmal diese Briefe sind erhalten; wurden sie je geschrieben?

Ein Privatgelehrter bereist Europa und philosophiert über «Größe und Niedergang» der Römer

Wenn ich in eine Stadt komme, steige ich immer auf den höchsten Kirch- oder sonstigen Turm, um das Ganze zusammen zu betrachten, bevor ich mir die Einzelheiten ansehe; und wenn ich sie verlasse, mache ich es genauso, um meine Eindrücke festzuhalten.[95]

Ebenso wie die kritische Prüfung moralischer Normen, gesellschaftlicher Verhaltensweisen, religiöser Spekulationen und politischer Strukturprinzipien (wie Montesquieu sie in den *Perserbriefen* unternommen hatte) gehört zum philosophischen Metier das Bemühen, die Entstehung dieser Phänomene zu ergründen und Alternativen zu ersinnen. Dies kann durch die Sammlung von Beobachtungen und den Erwerb von Erfahrungen, durch das Erklimmen höherer Abstraktionsebenen und durch eine Reihe von Orts- und Situationswechseln erleichtert werden. Ausgerüstet mit dem Selbstbewußtsein, das einem Mitglied der Académie française zustand, und mit immer neuen Empfehlungsschreiben versehen, verstand es Montesquieu, im Verlauf seiner Europareise eine Vielzahl kundiger Menschen in Gespräche zu verwickeln und zu Erläuterungen zu veranlassen: *So reise ich: Ich komme in einer Stadt an; nach drei Tagen kenne ich dort jeden.*[96] Seiner Gewohnheit folgend, legte Montesquieu eine weitere Notizensammlung an, die *Reisen*[97]. Gelegentlich gab er darin der Versuchung zu kleinen Gehässigkeiten nach: *Wenn man in Bayern einen Mann aus dem Volke nach der Uhrzeit fragt oder etwas dergleichen, hält er inne, überlegt und sinnt nach, als ob man ihm ein Rätsel aufgegeben hätte.*[98] Auf diese Weise mochte es ihm leichter fallen, sich auf die Eigenarten der Völker, die er besuchte, einzustellen: *Die Klagen der Ausländer, vor allem der Franzosen, die sich in London aufhalten, sind eine erbärmliche Sache. [...] Man muß die Länder so nehmen, wie sie sind: Wenn ich in Frankreich bin, schließe ich mit aller Welt Freundschaft; in England freunde ich mich mit niemandem an; in Italien mache ich jeder Person Komplimente; in Deutschland trinke ich mit allen.*[99]

Im Mai 1728 wurde Montesquieu von Kaiser Karl VI. in Laxenburg bei Wien empfangen, betrachtete zwei Sitzungen des Reichstags in Regensburg, traf John Law in Venedig, wo er sich zwei Monate aufhielt, besuchte ferner eine Reihe bedeutender italienischer Städte (Turin, Genua, Florenz) und kam im Januar 1729 in Rom an. Mehrfach traf er auf seiner Reise mit dem englischen Diplomaten Lord James Waldegrave zusammen, einem Neffen des mit ihm gut befreundeten Berwick. Anders als Montesquieus Familie wurde Waldegrave auch über den Fortgang der Reise des Privatgelehrten auf dem laufenden gehalten. Die Briefe aus Venedig könnten den Eindruck erwecken, Montesquieu habe als Objekt seiner Studienreise auch die Prostituierten betrachtet und sich nicht darauf beschränkt, soziologische Notizen über ihre Zahl und ihr Verhalten zu machen. Einige distanzierte Bemerkungen über *die Huren von Venedig, abscheuliche Huren, aufdringlich, bis sie den Entschlossensten anekeln*, machten auf Waldegrave keinen Eindruck; er zeigte sich im Gegenteil davon überzeugt, daß Montesquieu keine Gelegenheit auslasse, und durfte Bestätigung in dessen folgender Mitteilung finden: *Ich lebe hier unter der Fuchtel einer Schönen, die immer zu mir sagt «Ah, Caro!»*; ein Mangel an Kondomen veranlasse ihn freilich, sich ihrer zu entledigen.[100] Die Reise diente Montesquieu vor allem jedoch zum Knüpfen von Kontakten, zur Erweiterung seines Horizonts, nicht zuletzt schließlich dazu, sich eine Möglichkeit für den Eintritt in den diplomatischen Dienst zu eröffnen. Seine Eingaben an Fleury und den Kanzler Chauvelin in dieser Sache wurden allerdings – sofern überhaupt – nur in unverbindlicher Weise beantwortet. Aber durfte der auf Unabhängigkeit bedachte Philosoph mit seinen satirischen Neigungen ernsthaft hoffen, nach den herrschenden Maßstäben für eine Position im Staatsdienst als tauglich befunden zu werden? Montesquieu ging im Ausland wohl meist von sich aus auf die französischen Repräsentanten zu, aber in zumindest zwei Fällen erregte er das Mißtrauen kleinkarierter Beamtenseelen. Der französische Geschäftsträger in Mailand berichtete 1728 wichtigtuerisch nach Paris, es sei «ein Franzose namens Montesquieu» in der Stadt aufgetaucht, ein – zumindest ehemaliger – Präsident am Parlament von Bordeaux, Mitglied der Académie française, der sich jedoch nicht dazu bekenne, Autor der *Perserbriefe* zu sein. Da dem wackeren Diplomaten die Italienrundreise seines Landsmanns

Montesquieu, Kupferstich von J. B. Compagnie
nach F. Bonneville, 1800. Der Autor eines Buches über die Römer
wurde gern mit «römisch» kurzem Haarschnitt dargestellt.

«kaum zu jemandem zu passen» schien, «der einfach nur aus Neugierde reist», äußerte er den Verdacht, es könne andere Gründe dafür geben …[101] 1730 war es der französische Botschafter in London, de Broglie, der sich bei der Pariser Regierung darüber beklagte, daß Montesquieu gegenüber der Gemahlin König Georgs II., Karoline von Ansbach, «die eine Regierung mit der anderen verglich, wobei er die englische übertrieben lobte, während er die unsrige verurteilte»; überhaupt sei er auf mancherlei Dinge zu sprechen gekommen, «über die er hätte schweigen sollen».[102] Immerhin war de Broglie zu diesem Bericht durch eine Nachfrage aus Paris veranlaßt worden: Montesquieu hatte erneut *irgendeine achtbare Stellung* in einer Botschaft erbeten.

In London war Montesquieu Anfang November 1729 angekommen, nachdem er sich zuletzt in Hannover aufgehalten hatte. Dort war er von Waldegrave dem Kurfürsten Georg II. August vorgestellt worden, der seit 1727 auch als König von England (Georg II.) regierte. Über diese letzte Etappe seiner Europareise, den – wie Shackleton geurteilt hat – wichtigsten Abschnitt in Montesquieus Leben, sind nur wenige Aufzeichnungen erhalten geblieben, weil ein umfangreiches, *Reise nach England* betiteltes Manuskript offenbar existiert hat, aber aus unerfindlichen Gründen von einem Enkel des Philosophen verbrannt worden ist.[103] Zur Überfahrt von Den Haag nach London war Montesquieu vom Earl of Chesterfield eingeladen worden, einem bekannten Politiker, Schriftsteller und Schwiegersohn des Königs.

Einige der sehr unterschiedlich wertenden *Gedanken* über England zeugen von Montesquieus Bewunderung für das Maß an politischer Freiheit, das er dort vorfand – obwohl das Land einen König an seiner Spitze hatte, also in der herkömmlichen «Staatsformenlehre» als Monarchie galt und nicht zu den von Montesquieu in den *Perserbriefen* bevorzugten Republiken gehörte. Montesquieu wurde sowohl in Whig- als auch in Torykreisen herumgereicht, wohnte geduldig einigen Sitzungen der beiden Kammern des englischen Parlaments bei, für das es in Frankreich noch kein Gegenstück gab, und er studierte die vielfältige, relativ freie und einflußreiche britische Presse, insbesondere den konservativen «Craftsman», das Organ der Tories. Traditionell auf seiten des Königs gegenüber dem Parlament, jetzt aber in Opposition zu den Whigs, die von den hannoverschen Königen fast völlig freie Hand erhielten, befanden sich die Tories in einer verwickelten Situation, die ihnen zu schärferem Nachdenken Anlaß gab, als sich Politiker für gewöhnlich auferlegen. Die Diskussionen in der englischen Hauptstadt halfen Montesquieu, sein Verständnis für das Zusammenspiel der britischen Institutionen zu entwickeln, für die Lehre John Lockes, des Hausphilosophen der Whigs, und für die Forderungen der konservativen Opposition unter Henry Bolingbroke nach Gewaltenteilung. Die Opposition warf dem ersten Premierminister der britischen Geschichte, Robert Walpole, vor, sich das Unterhaus durch Korruption, das heißt durch ein umfassendes Patronagesystem zugunsten der herrschenden Whig-Partei, gefügig gemacht zu haben. Die Forderung nach Gewaltenteilung nahm in dieser Kritik einen zentralen Rang ein.[104]

Die Feststellung Montesquieus, er freunde sich in England mit niemandem an, war zweifellos eher gegen eine oberflächliche Auffassung von Freundschaft gerichtet denn gegen die distinguierten Briten, die ihm in ihrer Eigenheit sehr lagen. Er gewann in England nicht nur viele Bekannte, sondern auch Freunde, und dies mochte auf seine ebenso interessierte wie konziliante Art zurückzuführen sein, Gespräche zu führen. Dabei handelte er wohl tatsächlich gemäß der Einsicht, *daß wir vor Leuten sprechen, die genau so viel Eitelkeit besitzen wie wir, wobei die ihre in dem Maße leidet, in dem die unsere auf ihre Kosten kommt; zweitens, daß es nur wenige Wahrheiten gibt, die bedeutend genug sind, daß es die Mühe lohnte, jemanden deshalb zu demütigen und zurechtzuweisen, weil er sie nicht erkannt hat; und schließlich, daß jeder Mensch, der alle Unterhaltungen an sich reißt, ein Dummkopf ist.*[105] Montesquieu genoß die Ehre, als «Fellow» in die 1662 im Geiste Francis Bacons gegründete, aufgeklärte «Royal Society of London for improving natural knowledge» sowie unter die britischen Freimaurer aufgenommen zu werden. Er suchte seine persönlichen Beziehungen auch Freunden nutzbar zu machen und arrangierte die Aufnahme des Pariser Jesuitenpaters Castel in die Royal Society.[106] Der vorteilhafte Eindruck, den Montesquieu bei maßgeblichen Intellektuellen in London hinterließ, führte dazu, daß – vermutlich unter Mitwirkung Chesterfields – 1735 eine Nachahmung der *Perserbriefe* erschien, unter dem Titel «Letters from a Persian in England to his Friend at Isphahan».

Als Montesquieu im Frühjahr 1731 nach Frankreich zurückkehrte, waren seine naturwissenschaftlich-technischen und historisch-soziologischen Kenntnisse bedeutend angewachsen. Vor allem die letzteren verwertete er in den folgenden Jahren für seine Publikationen. Auf die *Beschreibung von zwei ungarischen Brunnen zur Umwandlung von Eisen in Kupfer* und einen Vortrag über die Silber-, Blei- und Kupferbergwerke im Harz[107] folgten einige später sogenannte *Überlegungen über die Bewohner Roms*[108], die 1732 – wie die vorgenannten Arbeiten – in der Akademie zu Bordeaux in Montesquieus Abwesenheit verlesen wurden, hier freilich unter einem deutlicheren, ja reißerischen Titel, worin sich die «Nüchternheit» der von Montesquieu vorgefundenen Römer einer ehedem angeblich zu konstatierenden «Unmäßigkeit» gegenübergestellt fand.[109] Da hatte ein Gelehrter seine antiken Autoren studiert und nun in

Im Frühjahr 1731 kehrte Montesquieu von seiner zweijährigen Rundreise durch Europa in seine Heimat um die Hafenstadt Bordeaux zurück. Gemälde von Joseph Vernet, 1758

der Siebenhügelstadt weder das erwartete Savoir-vivre vorgefunden noch die allgemeine Betriebsamkeit, von der die Hauptstadt des Imperium Romanum seinerzeit angeblich gekennzeichnet gewesen war. Zumindest, so Montesquieu, sei an die Stelle einer früheren, bis zur Lächerlichkeit getriebenen Völlerei nunmehr eine kaum weniger übertriebene Genügsamkeit getreten. Die Ursachen dafür seien teils klimatischer, teils aber auch moralischer Natur. Die Enttäuschung machte sich in einem Superlativ Luft: *Rom ist heute die ruhigste Stadt der Welt. […] Ich bin überzeugt, daß das Volk damals eine andere Spannkraft besaß als das heute*; mit Hilfe geeigneter Lebensgewohnheiten und Erziehungsmaßnahmen sei das ermüdende Klima Roms gut zu bewältigen. Das Urteil stand zwischen den Zeilen: Rom stellte nicht mehr das dar, was es einmal gewesen war, es hatte einen Niedergang erlebt, seine Dekadenz.[110]

In Juilly bereits, als Schüler, hatte Montesquieu erste Gedanken zur Geschichte des Römischen Reichs formuliert. Später waren sein Vortrag über die Religionspolitik der alten Römer hinzugetreten und der *Dialog zwischen Sulla und Eukrates*. Montesquieus Notizen zeugen von seiner Lektüre Herodots, Livius', Plutarchs, Sallusts, Strabos und Suetons. Er stand mit diesem Interesse nicht allein; zuletzt war es in England, unter anderem durch Artikel des «Craftsman» genährt worden, worin Bolingbroke mehrere politisch gemeinte Parallelen zwischen Rom und England gezogen hatte.[111]

Zwei Jahre zog sich Montesquieu nun fast ganz auf seine Ländereien bei Bordeaux zurück, um ein teils ebenfalls auf die zeitgenössische Politik zielendes, teils aber auch geschichtsphilosophisches Buch über den Aufstieg und Verfall (*décadence*) des Römischen Reiches zu erarbeiten. Daneben entstand jetzt allmählich die Abhandlung über die Verfassung Englands, worin die Lehre von der Gewaltenteilung entwickelt wurde – später das berühmte 6. Kapitel im Elften Buch des Werks *Vom Geist der Gesetze*. Montesquieu war nicht der einzige französische Intellektuelle, dem die Weltmacht England, die in den wiederholten Kriegen gegen Frankreich stets die Oberhand behielt, als Erfolgs- und Reformmodell vor Augen stand, auch unter dem Aspekt des politischen Systems. Mit der weltpolitischen Lage hing ferner ein Text aus den zwanziger Jahren zusammen, dem er damals die Überschrift *Über die Hauptursache für den Niedergang Spaniens* gegeben hatte, jetzt aber überarbeitete, *Betrachtungen über die Reichtümer Spaniens* nannte[112] und zum Teil dann ebenfalls in sein Hauptwerk übernahm.[113] Schließlich entstanden parallel zu dem Buch über die Römer einige *Überlegungen zur Universalmonarchie in Europa*, die zur gleichzeitigen Publikation bestimmt waren, aber nur in kleiner Auflage erschienen und von Montesquieu sofort wieder zurückgezogen wurden – *aus gewissen Gründen*, die vermutlich mit der Befürchtung zusammenhingen, die Zensur würde sie wegen einiger Passagen über Ludwig XIV. verfolgen.

Für seine *Betrachtungen über die Ursachen von Größe und Niedergang der Römer* wählte Montesquieu zwei Vorsichtsmaßnahmen: Wiederum ließ er es in Holland drucken und bekannte sich nicht als Autor; zuvor aber übergab er das Manuskript Castel für eine Art Vorzensur. Der Jesuit entledigte sich dieser Aufgabe mit Loyalität und diplomatischem Geschick: Gewisse Attacken gegen Mönche, Päpste und sonstige kirchliche Institutionen, so besänftigte er, seien unter der Würde des berühmten Montesquieu. Castel schrieb auch eine ebenso ausführliche wie kirchenkonforme Zusammenfassung für das «Journal de Trévoux», die noch vor dem Buch erschien. Montesquieu befolgte wohl die meisten von Castels Ratschlägen; sie erscheinen uns heute überwiegend als scholastische Haarspalterei und lassen die Schwierigkeiten erahnen, politisch-philosophische Werke vollständig zu verstehen, die vor zwei oder drei Jahr-

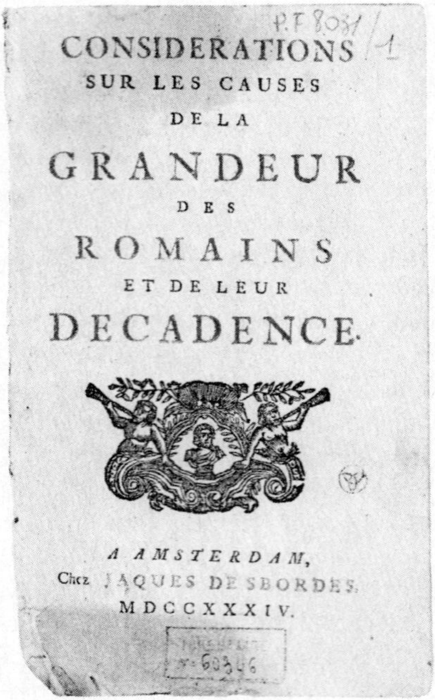
CONSIDERATIONS
SUR LES CAUSES
DE LA
GRANDEUR
DES
ROMAINS
ET DE LEUR
DECADENCE.

A AMSTERDAM,
Chez JAQUES DESBORDES.
MDCCXXXIV.

Die Originalausgabe der «Considérations» erschien aus Furcht vor der Zensur 1734 in Amsterdam.

hunderten entstanden sind. Der Hauptgedanke blieb unberührt. Freilich wurden Montesquieus Vorsichtsmaßnahmen zu einem erheblichen Teil durchkreuzt. Informierte Kreise der Pariser Gesellschaft wußten von seiner Autorschaft schon, als sich die *Betrachtungen* noch im Druck befanden. Nachdem sie im Juni 1734 in Holland erschienen waren, wurden Raubdrucke davon verbreitet, einer trug das leicht zu entschlüsselnde Pseudonym «L.P.D.M.» (für «Le Président de Montesquieu»). Die Librairie, vom Amsterdamer Verlagshaus Desbordes, aber auch von Pariser Buchhändlern um eine Form der Genehmigung ersucht, war auf das Werk schon aufmerksam geworden und bedrängte das Mitglied der Académie française, es zensiert und mit königlicher Lizenz in Paris erscheinen zu lassen. Die auf Anraten Castels vorgenommenen Abschwächungen reichten den politischen Autoritäten nicht aus. In der Tat war Montesquieu bereit, sich mit ihnen zu arrangieren und einige Passagen – beispielsweise über den Selbstmord – teils zu korrigieren, teils zu entfernen. So kam im Juli 1734 auch eine Auflage mit Ersatzblät-

Blaise Pascal.
Kupferstich von G. Edelvick

tern («cartons») auf den Markt und mit Blumenornamenten dort, wo die Zensur eingegriffen hatte. War Montesquieu zu Kreuze gekrochen? Im Mai und Juni hatten die Behörden eine Hexenjagd auf Voltaires «Philosophische Briefe» begonnen: Haft- und Durchsuchungsbefehle wurden ausgestellt, und das Parlament von Paris ordnete die Zerreißung und Verbrennung des Buches an, das sich wesentlich auch gegen den Irrationalismus, Pessimismus und Obskurantismus der «Gedanken» Pascals (1669) richtete[114]: Die Jansenisten sickerten – allen Repressalien zum Trotz – in die Institutionen der Hauptstadt ein.

Wie es in der Römerzeit «tatsächlich gewesen» sei, konnte man durch Montesquieus oft oberflächliches und sprunghaftes zweites Buch nicht erfahren. Aber der Titel versprach nicht zuviel: Es ging weniger darum, die Ursachen von Aufstieg und Verfall des Römischen Reiches akribisch zu ergründen als in der Tat um einige politisch-philosophische *Betrachtungen* über die in der vorfindlichen Literatur bereits genannten Ursachen. Im Zusammenhang mit den gleichzeitig angestellten Überlegungen zur Universalmonarchie und zur englischen Verfassung wird eine der zentralen Botschaften des Buchs deutlich: Die Wiedererrichtung einer – wenn auch nur Europa umfassenden – Universalmonarchie, also die Hegemonie einer europäischen Großmacht (und handele es sich dabei auch um Frankreich), sei weder möglich noch wünschbar: *Wenn man zwei große Völker einen langen und hartnäckigen Krieg führen sieht*, variiert Montesquieu hier geradezu die außenpolitische Gleichgewichtsdoktrin Englands, *so ist es häufig eine schlechte Politik zu meinen, man könne ruhiger Betrachter bleiben. Denn dasjenige der beiden Völker, das Sieger bleibt, unternimmt sogleich neue Kriege, und damit wird eine Nation von Soldaten gegen Völker kämpfen, die nur Bürger sind.*[115] In den *Betrachtungen* wurde diese Erkenntnis auf Römer und Karthager bezogen, aber Ende 1733 hatte sich Frankreich in den Polnischen Thronfolgekrieg zugunsten des Piastenfürsten Stanislaus Leszczynski eingemischt, des Schwiegervaters Ludwigs XV.; in diesem europaweiten Hegemonialkrieg standen sich Frankreich und Spanien auf der einen, Österreich und Rußland auf der anderen Seite gegenüber.

Daß die *Betrachtungen* ein didaktisches Buch sind, macht sich schon auf der Ebene der Grammatik bemerkbar: Die nicht wenigen Präsens-Sätze in dieser auf die Vergangenheit bezogenen Abhandlung gelten meist umfassenden anthropologischen, geschichts- und gesellschaftsphilosophischen Theorien: *Da die Menschen zu allen Zeiten die gleichen Leidenschaften gehabt haben, so sind zwar die Anlässe, die die großen Veränderungen hervorrufen, verschieden, jedoch die Ursachen immer die gleichen.*[116] «Décadence», der Verfall oder Niedergang einer Kultur in ihrer Spätzeit, ihrem «Herbst», ist ein seit der Antike vielfältig variierter geschichtsphilosophisch-kulturkritischer und zivilisationspessimistischer Topos. Für Montesquieu lag Dekadenz nicht etwa in der seit Urzeiten – wie er wohl richtig vermutete – gleichgebliebenen, von ihm pessimistisch eingeschätzten menschlichen Natur begründet (der Mensch sei *immer um so machtgieriger, je mehr er an Macht besitzt*[117]); vielmehr sah er Niedergang in den Sitten, Gebräuchen, Gesetzen, Institutionen, die sich mit fortschreitender Zeit nicht «fortschrittlich» aufwärtsentwickelten (unter welchem Gesichtspunkt auch immer), sondern sich in zunehmendem Maße als unangepaßt erwiesen. Unangepaßt an so greifbare Faktoren wie vor allem die Größe des zu der betreffenden Gesellschaft gehörigen Territoriums; ferner an die Bevölkerungszahl, -dichte und -zusammensetzung; sogar an die (wie Marx und Engels hundert Jahre später sagten) Produktionsweise: Das unheimlich erfolgreiche Rom mit seiner eisern-unmenschlichen Disziplin sei deshalb stets auf Eroberung ausgewesen, weil es *eine Stadt ohne Handel und fast ohne Handwerk war* und weil die Plünderung beinahe das einzige Erwerbsmittel seiner Bürger gewesen sei.[118] Die Bevölkerung sei dann sowohl durch die Eroberungen als auch durch die quasi parteipolitischen Machenschaften, die auf die Vergrößerung der Zahl der Stimmberechtigten zielten, in unangemessener Weise gestiegen.[119] Dies habe nicht zuletzt die Disziplin zersetzt. Das Reich sei immer stärker ausgedehnt worden, aber *es gibt gewisse Grenzen, die die Natur den Staaten gesetzt hat, um den Ehrgeiz der Menschen zu demütigen*[120]. Montesquieu kann unter diesem Aspekt vielleicht ein «historischer Materialist» genannt werden. Freilich verzichtete er auf teleologische Beimischungen eines «Sinns» oder «Ziels» der Geschichte – wie ihn zuvor der Bischof Bossuet in seiner «Abhandlung über die Weltgeschichte» (1681) entworfen hatte oder wie ihn Marx und Engels dann 1848 im «Kommunistischen Manifest» postulierten.

Allerdings wandte sich Montesquieu nicht ausdrücklich gegen die teleologische Geschichtsbetrachtung, sondern attackierte die Auffassung, daß der Zufall die Welt regiere: *Und wenn der Zufall einer Schlacht, und das heißt: eine besondere Ursache, einen Staat zugrunde gerichtet hat, so gab es doch eine allgemeinere Ursache, die bewirkte, daß dieser Staat durch eine einzige Schlacht zugrunde gehen mußte. Mit einem Wort: die grundsätzliche Wendung zieht alle weiteren Ereignisse nach sich.*[121] (Diese Stelle wurde dann häufig im 1940 vom Deutschen Reich besetzten Frankreich zitiert.[122]) Das antike Rom, so Montesquieu, folgte zwei miteinander verkoppelten Entwicklungstendenzen: Es expandierte über ein natürliches Optimum (die Apenninenhalbinsel) hinaus, und es veränderte sich nicht nur von einer Monarchie in eine aristokratische Republik, sondern darüber hinaus noch in eine Republik demokratischer *Natur* und von dort aus – zusammengenommen mit der unmäßigen Ausdehnung der Reichsgrenzen – geradezu zwangsläufig in eine Despotie. Dann geriet es unter den Einfluß fremder Völkerschaften, zerfiel in zwei Teile, die wiederum in unterschiedlichem Maß und Tempo das Opfer fremder Eroberer wurden – im Zuge von Völkerwanderungen und Kreuzzügen. Montesquieus Fazit lautete: *Eine weise Republik darf nichts wagen, was sie dem guten oder bösen Zufall aussetzt. Das einzige Gut, das sie erstreben muß, ist die Fortdauer ihres Bestandes.*[123] Dem hier durchscheinenden Konservatismus, dem es nicht um das Bewahren von «Bewährtem» geht, sondern um die Erhaltung des Status quo aus Angst vor Veränderungen, lag ein mit dem Dekadenz-Topos wohl regelmäßig verbundener melancholischer Pessimismus zugrunde, nach dem künftig alles eigentlich nur noch schlimmer kommen könne. Auf der Suche nach einem handfesten Motiv für diesen Pessimismus muß nicht zuletzt die Furcht der Privilegierten vor dem Verlust ihrer Vorrechte ins Auge gefaßt werden. Der Gedanke, daß eine Demokratie kein gemäßigtes politisches System sei und geradezu notwendig in eine Despotie oder Tyrannis entarte, findet sich schon bei Aristoteles. *Es gibt keine absolutere Gewalt*, formuliert jetzt Montesquieu, *als die eines Fürsten, der eine Republik erbt. Denn er findet sich im Besitz der gesamten Macht eines Volkes, das sich nicht selbst Grenzen setzen konnte.*[124] Während zu Zeiten der römischen Republik die Staatsgewalt auf mehrere Magistraturen verteilt gewesen sei, habe dann – im Zusammenspiel zwischen Volk und Demagogen – eine Gewaltenkonzentration stattgefunden. Zunächst hätten einige Politiker sich außerordentliche Vollmachten angemaßt und vom Volk legitimieren lassen, dann hätten die Kaiser alle Magistraturen in ihrer Hand vereint.[125] Schwer vorstellbar, daß die zeitgenössischen Leser keine Parallele gezogen haben zwischen der Ausschaltung des römischen Senats durch Cäsar und Augustus und der Ausschaltung des französischen Adels durch Richelieu und den Sonnenkönig.

Zur Stabilisierung der Sitten, Gebräuche und Institutionen gegen Dekadenzerscheinungen empfahl Montesquieu die Religion; sie sei *stets die beste Bürgschaft, die man für die Sitten der Menschen haben* könne.[126] Seine gleichzeitigen Plädoyers für religiöse Toleranz und seine Attacken auf theologische Streitigkeiten, die *um so nichtiger sind, je heftiger sie geführt werden*[127], standen dazu nicht in Widerspruch. Ein Spannungsverhältnis trat dagegen zwischen Montesquieus gewissermaßen «geopolitischem» Materialismus und seiner ebenfalls geäußerten «subjektivistischen» These auf, der Niedergang Roms sei auf den Wechsel seiner *Maximen* und *Pläne* zurückzuführen. Es blieb offen, welche Kraft in dem Wechselspiel zwischen determinierenden Faktoren, politischen Entscheidungen und gesellschaftlichen Tendenzen als ausschlaggebend gelten sollte.

Die *Betrachtungen* weisen aber auch echte Ungereimtheiten auf. Zunächst spricht Montesquieu der antik-römischen Gesellschaft

Humanität insofern ab, als die despotisch ihre Macht ausübenden Familienväter daran gewöhnt gewesen seien, *sich bei ihren Kindern und Sklaven über die menschliche Natur hinwegzusetzen*[128]. Doch wenig später äußert er sein Unverständnis über die *schwachen Strafen* im oströmisch-griechischen (Byzantinischen) Reich, wo man sich damit begnügt habe, *denen, die einen Aufstand angestiftet oder einen Anschlag auf die Person des Herrschers verübt hatten, die Augen auszustechen, Nase oder Haar abzuschneiden oder sie auf sonstige Weise zu verstümmeln.* Sogar der preußische König Friedrich II., ein praktizierender «aufgeklärter Absolutist», der an die Vernunft, aber nicht weniger auch an die Macht und an das Recht des Stärkeren glaubte, hat einige Jahre später befremdet am Rande seines Exemplars der *Betrachtungen* notiert: «Herr von Montesquieu nennt es eine schwache Bestrafung, geblendet oder verstümmelt zu sein! Sein Augenlicht muß sehr schlecht sein, und auch anderweitig muß er nicht viel zu verlieren haben, sonst hätte er nicht die Einbuße von Organen, die selbst wertvoller als das Leben sind, als Geringfügigkeit abgetan.»[129] Und nach dem im großen und ganzen frauenfreundlichen Tenor der *Perserbriefe* kann hier die in mehr als einer Hinsicht absurde, in ihrem zweiten Teil auf die (ost-)römische Kaiserin Theodora bezogene Bemerkung überraschen: *Im Orient hat man immer Vielweiberei gehabt, um den Frauen den erstaunlichen Einfluß zu nehmen, den sie in unseren Breiten auf uns haben. Aber in Konstantinopel verlieh das Gebot einer einzigen Frau diesem Geschlecht die Herrschaft, wodurch oftmals Schwäche in die Regierung gebracht wurde.*[130] Ungeachtet dessen zeigte sich Claudine-Alexandrine Guérin, Marquise de Tencin, von den *Betrachtungen* begeistert: Sie habe das Buch «wie einen Roman gelesen [...]. Welche Tiefe der Gelehrtheit, des Genies, der Meditation!»[131]

Madame de Tencin, sieben Jahre älter als Montesquieu, hatte nach dem Tod der Madame de Lambert 1733 gewissermaßen deren Nachfolge angetreten. Der «lambertinische Clan» war überwiegend in ihren bereits 1726 eröffneten Salon in der Rue Saint-Honoré übergewechselt und genoß die freiere, intellektuellere und offenere Atmosphäre dort. Montesquieu war zeitweise der Favorit der Hausherrin. Sie bestürmte ihren Freund Ende 1734, sich häufiger in Paris sehen zu lassen: «Mein kleiner Römer, ich bin höchst beunruhigt über die Vorliebe, die Sie für Ihre Heimat zu haben scheinen [...]. Ich bin ja ganz damit einverstanden, daß Sie bei sich zu Hause Werke verfassen, sofern diese wirklich nutzbringend sind und sofern

Madame de Tencin, die mit ihrem Salon die Nachfolge der Madame de Lambert angetreten hatte, nannte Montesquieu ihren «kleinen Römer».

Sie auf Annehmlichkeiten verzichten», allein, Montesquieu sei nicht dafür geschaffen, in Bordeaux zu leben.[132] Das tat der Philosoph auch nicht. Aber bis 1748 hielt er sich im Durchschnitt nur für die Hälfte eines jeden Jahres in seiner Wohnung in der Rue Saint-Dominique auf. Er hatte den Beweis erbracht, daß er nicht nur eine Satire, sondern auch ein «ernsthaftes» Buch zu schreiben vermochte; er durfte mit der zwar keineswegs überwältigenden, aber im großen und ganzen wohlwollenden Aufnahme der *Betrachtungen* in der Öffentlichkeit zufrieden sein, auch wenn Voltaire sie als Zeichen der «Dekadenz Montesquieus» verrissen hatte. Jetzt arbeitete er – aus allen Materialsammlungen schöpfend – an dem Werk *Vom Geist der Gesetze*. Sind die Lebensjahre zwischen 45 und 60 nicht die besten für ein umfassendes geisteswissenschaftliches Werk, für eine Summe historischer, soziologischer und philosophischer Erkenntnisse?

Ein Winzer und Soziologe forscht nach dem «Geist der Gesetze»

Man gewinnt viel in der Welt; man gewinnt viel in der Stille. In der Stille lernt man ordentlich schreiben, richtig urteilen und seine Gründe gut entwickeln. Die Ruhe, in der man sich befindet, bewirkt, daß man seinen Gedanken Folgerichtigkeit geben kann. In der Welt lernt man im Gegensatz dazu, sich die Dinge vorzustellen. Man berührt in Gesprächen so viele Gegenstände, wie man sich Dinge vorstellt.[133]

Auf seinen Gütern hatte Montesquieu die Stille zum Schreiben, aber er verbrachte keineswegs all seine Zeit in der Schloßbibliothek oder bei Spaziergängen durch seine Wälder und Weiden, Äcker und Weinberge. Er konnte ein engagierter Gutsherr sein – aus Neigung zu dieser Arbeit, aus dem Bestreben heraus, sparsam zu wirtschaften. Er besaß die Mittel, mit seiner Familie ein standesgemäßes Leben zu führen, aber er war nicht so reich, daß ihm die Weinlese und der (vorwiegend nach England gerichtete) Weinexport nicht in manchem Jahr Sorgen bereitet hätten. La Brède liegt in der Weinregion «Graves», und um seinen Besitz Raymond herum erntete der Philosoph die Trauben der Region «Entre-deux-mers». Zwischen 1740 und 1748 wurde der Absatz durch den Österreichischen Erbfolgekrieg empfindlich getroffen. Gemäß den Diversifikationsvorschriften des königlichen Intendanten für die Guyenne und aus eigener Einsicht betrieb Montesquieu allerdings keine Monokultur: Bei seinem Tod dienten größere Flächen dem Anbau von Getreide und Hülsenfrüchten oder als Weideland für rund 850 Schafe. Montesquieu war davon überzeugt, daß sein Wasserschloß mit dem Park ringsherum *einer der schönsten Orte Frankreichs* sei, und mit steigendem Alter wuchs sein Vergnügen an den Aufenthalten dort. Daneben verfügte er stets über ein Domizil im teuren Bordeaux, das in diesen Jahrzehnten zur bedeutendsten Hafenstadt Frankreichs aufstieg; für Parlamentarier- und Akademikerkreise war dies ein Muß.

Auf seinem Besitz Raymond – im Dreieck zwischen Garonne und Dordogne gelegen– ließ Montesquieu Wein der Sorte «Entre-deux-mers» keltern. Kupferstich aus dem «Album Départemental» von Gustave de Galard Anfang 19. Jahrhundert

Das Wasserschloß La Brède. Hier entstand «Vom Geist der Gesetze».

Montesquieu verabscheute es, sich für die Anfertigung von Porträts zur Verfügung zu stellen. So gibt es nur ein halbes Dutzend Abbildungen, die von der Montesquieu-Ikonographie ernstgenommen werden. Dies gehört dazu: Aquatintablatt von Pierre Michel Alix (1762–1817) nach Francois Garnerey (1755–1837) nach zeitgenössischem Bildnis.

Montesquieus Güter vor den Toren von Bordeaux konnten nach aufwendigem Rechtsstreit gegen die Stadt 1744 durch weitere 1100 Morgen erweitert werden. In der Gegend von Agen erforderten die Baronie von Montesquieu und die Besitztümer seiner Frau bei Clairac die Aufmerksamkeit des Philosophen; sein Prestige kam ihm bei zahlreichen weiteren Rechtsstreitigkeiten und Eingaben zustatten. Montesquieu wich wohl nur graduell von dem Verhalten eines typischen Gutsherrn des Ancien Régime ab; der sei – so die Revolutionshistoriker François Furet und Denis Richet – ständig bemüht gewesen, sein Einkommen aufzubessern, habe mit Eifer seine Feudalabgaben eingetrieben (Brückenmaut, Mühlen- oder Keltergebühren), kleinliche Auseinandersetzungen mit seinen Nachbarn und seinen Bauern geführt und versucht, aus alten Grund- und Lehnsbüchern längst vergessene oder verjährte Abgaben auszugraben.[134] Als Baron von La Brède und Inhaber der Patrimonialgerichtsbarkeit dachte der Philosoph wohl kaum an Gewaltenteilung. Allerdings soll er sich den Gutsuntertanen und Pächtern gegenüber leutselig verhalten haben. Er sprach hier ungeniert gascognisch, und es konnte passieren, daß Besucher ihn mit einer weißen Baumwollmütze und einem Pfahl über der Schulter antrafen, ihn für einen Bauern hielten und ihn nach dem Weg zum Schloß des berühmten Montesquieu fragten.[135] Aus anderen Quellen verlautet, seine Sparsamkeit habe sich bis zum Geiz gesteigert. Bei aller persönlichen Gastfreundschaft sei seine Tafel in La Brède nicht eben reichhaltig gewesen; in Paris habe er sich systematisch zum Essen einladen lassen und sei mit zwei gebrechlichen Gäulen vorgefahren.

Seine jüngste und Lieblingstochter Denise verdankte es dem günstigen Ausgang des Prozesses gegen die Stadt Bordeaux, daß ihr Vater sie nicht zur Entlastung des Familienetats ins Kloster schickte. Dafür wurde ihre (ohnehin nur geringe) Chance, einen halbwegs ihrer Vorstellung entsprechenden Ehemann zu bekommen, im achtzehnten Lebensjahr auf dem Altar der Sparsamkeit und ebenso Montesquieus Verlangen nach einem Stammhalter geopfert. Montesquieu, der seine Tochter Marie 1738 mit einem bescheidenen Landedelmann verheiratet, dagegen für seinen Sohn Jean-Baptiste 1740 eine höchst lukrative Partie arrangiert hatte, war enttäuscht, daß hier die ersehnten Enkel ausblieben. 1745 griff er zum Ausweg einer Verwandtenehe: Er gab Denise seinem Vetter Godefroy de Secondat zur Frau, der in Agen lebte und 25 Jahre älter war als sie. Diese Ehe eröffnete eine weitere Möglichkeit, innerfamiliäre Erben hervorzubringen, und sie konnte ohne nennenswerten Aufwand geschlossen werden. Da Denise die Stadt Bordeaux ohnehin kaum kenne und dort auch nicht leben werde, so argumentierte ihr Vater, genüge eine kleine Feier in Clairac. Denise erhielt die Baronie Montesquieu zur Mitgift; dem Bräutigam wurde der Aufwand eines Brautgeschenks erspart. Zwangsehen seien akzeptabel, so begründete Montesquieu im Manuskript *Vom Geist der Gesetze* vielleicht auch sein eigenes Verhalten, wenn den Töchtern nur der Ausweg in Klöster offenstehe.[136] Hat er wirklich, wie angegeben und später häufig zitiert, mit seinen Kindern *wie mit Freunden zusammengelebt*[137]? Seine Rechnung jedenfalls ging auf: Jean-Baptiste und seine Frau Marie bekamen zwar noch einen Sohn, doch er starb früh, und die späteren Baronessen und Barone von Montesquieu stammten von Denise und Godefroy de Secondat ab.

Während Denise ihrem Vater bislang als «kleine Sekretärin» bei der Arbeit am Manuskript des Werks *Vom Geist der Gesetze* Hilfsdienste geleistet hatte, war Jean-Baptiste durch seine Ausbildung in die Lage versetzt worden, den Inhalt zu beurteilen. Er gehörte zum kleinen Kreis der Vertrauten, die sich – ebenfalls 1745 – der Strapaze

Montesquieus Tochter Denise half ihrem Vater als «kleine Sekretärin».

einer mehrere Tage dauernden Lesung unterzogen. 1734 war Jean-Baptiste als Anwalt zugelassen worden. Im Januar 1737 hatte Montesquieu ihm einen Posten als Parlamentsrat in Bordeaux besorgt. Der Sohn vermochte jedoch keine Neigung für den Juristenberuf zu entwickeln. Er wandte sich vielmehr den Naturwissenschaften zu und war ein geachtetes Mitglied der Bordelaiser Akademie. 1748 veräußerte Montesquieu sein Präsidentenamt, das er zunächst nur verpachtet hatte, endgültig.

Nach seiner Rückkehr aus England hatte Montesquieu dem Pariser Leben noch einmal kräftig zugesprochen, war auch in Chantilly zu Gast gewesen und hatte sich dort – wohl zum letzten Mal – in ein Liebesabenteuer gestürzt: mit Marie-Anne de Clermont aus der Familie Bourbon-Condé. Und um Louise-Anne de Charolais aus demselben Adelsgeschlecht für ihre Gastfreundschaft auf dem Château de Madrid bei Paris zu danken, hatte er einen kleinen orientalischen Roman in Arbeit genommen, dessen Manuskript er ihr 1742 überreichen konnte: *Arsakes und Ismenie*, erst postum veröffentlicht.[138] Allmählich wuchs aber doch Montesquieus Skepsis gegenüber der Hauptstadt und den Schlössern der Ile de France. 1746 schrieb er gar an einen Freund: *Tatsache ist, daß ich mit der Stadt Paris ungeheuer auf Kriegsfuß stehe, seit ich nicht mehr jung bin. Die Leute, die dort leben, gleichen den Sklaven, von denen Platon spricht: Sie sind in ein Haus eingesperrt, sehen durch ein Loch die Schatten der Passanten und nehmen sie für Realitäten. Im Leben gibt es nur drei Güter: die Wohlhabenheit, die Gesundheit und die Güte der Seele; nichts von all dem gibt es in Paris, vielmehr vorzeitigen Tod und kränkelndes Leben.*[139] An den Sitzungen der Académie française nahm er nur selten teil. 1739 allerdings hatte er als Direktor die Aufgabe, beim jährlichen Empfang in Versailles die Ansprache zu halten. Der Monarch, so verlautete dann offiziell, habe sich damit zufrieden gezeigt und ihre Drucklegung veranlaßt. 1743 unterstützte Montesquieu die Aufnahme des Mathematikers Pierre-Louis Moreau de Maupertuis in die Académie française; sie gelang nur mit Hilfe einer Intervention des Ministers Maurepas und eines Verstoßes gegen die Geschäftsordnung: Statt des Minimums von 20 Mitgliedern waren in der entscheidenden Abstimmung nur 19 anwesend.[140] Maupertuis wurde 1744 von Friedrich II. nach Berlin berufen und mit der Reorganisation der dortigen Akademie beauftragt. Er wurde ihr Präsident und arrangierte nun seinerseits 1746 Montesquieus Berufung als externes, assoziiertes Mitglied.

Die Pariser Bibliotheken blieben für Montesquieus Vorhaben unerläßlich. Ideen aus weit über 600 Werken sind nachweislich in sein Hauptwerk eingeflossen. Er frequentierte die Königliche Bibliothek, die Bibliothek des Oratorianer-Ordens und die seit 1707 für das Publikum geöffnete Bibliothek des Klosters Saint-Victor mit

Mit dem Mathematiker Maupertuis bildete Montesquieu eine «Seilschaft»: Er förderte Maupertuis' Aufnahme in die Académie française, und Maupertuis arrangierte Montesquieus Berufung in die Berliner Akademie. Kupferstich von Bonnini nach einer Zeichnung von Demarchi

ihren 35000 Bänden – jene im CXXXIII. Perserbrief von Rica beschriebene *große Bibliothek in einem Kloster [...], dessen Derwische sie gleichsam verwalten, aber mit der Verpflichtung, zu bestimmten Stunden jedermann Zutritt zu gestatten*. Rica hatte dort schon 1719 die Bücher bestaunt, *die den Verfall des gewaltigen Römischen Reiches* behandelten, *das sich aus den Trümmern vieler Monarchien gebildet hat und bei dessen Zerfall sich ebenso viele neue entwickelten.* Aus den Büchern über englische Geschichte, so hatte ihm einer der *Derwische* erklärt, könne man lernen, *wie die Freiheit immer wieder aus den Flammen der Zwietracht und des Aufruhrs hervorgeht, wie der Fürst immer unsicher ist auf einem nicht zu erschütternden Thron, und wie die Nation bei aller Ungeduld doch in ihrer Wut noch weise ist und als Herrin des Meeres [...] Handel und Herrschaft verbindet.*[141] Die von dem jungen Montesquieu entwickelten Interessenschwerpunkte aus den Gebieten der Geschichte und der Politik waren – das zeigt dieser *Perserbrief* – zu wesentlichen Teilen unverändert geblieben. Louis Desgraves hat über die Arbeitsweise des Philosophen vermutet, dieser habe «alles notiert, was ihn interessierte, ohne vorher eine Idee oder einen Plan gefaßt zu haben, gleich der Biene, die Nektar von allen Blüten sammelt und ihren Honig aus unterschiedlichen Arten produziert»[142]. Das mag angesichts von Montesquieus Materialsammlungen verständlich sein, doch es ist unmöglich, daß ein Mensch nach der «Kübelmethode» die Trauben der Erkenntnis gewissermaßen wahllos in ein großes Gefäß schüttet, bis es voll ist, um dann den «Saft der Erkenntnis» daraus zu pressen – in ahnungsloser Erwartung, wie denn nun dessen Qualität sei. Dem Winzer Montesquieu hätte dies bewußt sein können. Jeder Mensch, der Materialien sammelt, richtet einen mit fortschreitender Arbeit zunehmend stärker gebündelten «Scheinwerfer» auf seine Umwelt, der über das ursprünglich Gesammelte bald hinausweist und dann – wie Montesquieus Bibliotheksbesuche belegen – eingehendere Recherchen verlangt.[143] Freilich muß der Scheinwerfer erst richtig eingestellt werden: *Ich habe dieses Werk oft begonnen und oft wieder liegen lassen*, bekennt Montesquieu – kokettierend und erkenntnistheoretisch naiv, *ich habe tausendmal die beschriebenen Blätter den Winden überantwortet. [...] Ich ging meinem Gegenstande nach, ohne mir einen Plan zu machen. Ich kannte weder die Regeln noch die Ausnahmen; ich fand die Wahrheit, um sie zu verlieren. Aber als ich meine Grundsätze entdeckt hatte, kam alles, was ich suchte, auf mich zu.*[144]

In aller Stille begann Montesquieu das Werk. Erst aus dem Jahr 1742 ist eine briefliche Mitteilung bezeugt: achtzehn Bücher seien fertiggestellt und weitere sechs vorbereitet: *Was meine «Gesetze» angeht*, schrieb Montesquieu allerdings mit Selbstverständlichkeit an den Bordelaiser Parlamentspräsidenten Barbot, *ich arbeite acht Stunden täglich daran.* Barbot wußte also schon von dem Projekt; vermutlich hatte Montesquieu recht bald nach der Veröffentlichung der *Betrachtungen* damit begonnen, etwa 1735. Auch jetzt entging er nicht der Gefahr der Verzettelung: Von seinen später überwiegend verlorengegangenen Materialsammlungen («Geographica», «Politica», «Politica-Historica», «Juridica», «Anatomica», «Historia universalis», «Commerce»), zehrte er nicht nur, sondern er ergänzte sie zwischen 1734 und 1738 auch durch einen – ausnahmsweise erhaltenen – Band *Geographica II*; ebenfalls in den dreißiger Jahren entstand die postum veröffentlichte *Wahrhaftige Geschichte*, ein um das Thema der Seelenwanderung kreisender Roman.[145] Montesquieu fing ferner eine Geschichte Frankreichs an, die unvollendet blieb und dann 70 Manuskriptseiten der *Gedanken* bildete.[146] Ein *Versuch über die Ursachen der Ergriffenheit von Geist und Charakter* blieb erhal-

Im Schloß von La Brède fand Montesquieu die für sein gewaltiges Vorhaben benötigte Ruhe. Kupferstich aus dem «Album Départemental» von Gustave de Galard, Anfang 19. Jahrhundert

ten[147], aber 1739 gab Montesquieu seinem Sekretär die Anweisung, eine «Geschichte Ludwigs XIV.» in den Kamin zu werfen. Wer es Ende des 20. Jahrhunderts gewohnt ist, Bücher mit Hilfe eines Textverarbeitungsprogramms am Computer zu schreiben, kann wohl selbst angesichts des in der Pariser Nationalbibliothek aufbewahrten Originalmanuskripts *Vom Geist der Gesetze* nur ahnen, welche Mühe die Schriftstellerei damals erforderte. Die Seiten wurden jeweils so lange mit Korrekturen und Ergänzungen gefüllt, bis die Übersicht verlorenging und eine Abschrift erforderlich wurde. 1738 schrieb Montesquieu dem Präsidenten der Londoner Royal Society, Martin Folkes: *Ich fange an, die Kraft zum Arbeiten zu verlieren; zum Glück verliere ich nicht die Lust.*[148] Er litt unter fortschreitender Kurzsichtigkeit; das linke seiner chronisch überanstrengten Augen war durch eine Aderhautentzündung geschädigt, auf dem rechten kam ein grauer Star hinzu. Ohnedies hätte er die Hilfe von Sekretären benötigt; neunzehn unterschiedliche Handschriften sind im 1505 Seiten umfassenden, gegenüber der Endfassung noch unvollständigen «Pariser Manuskript» festgestellt worden.

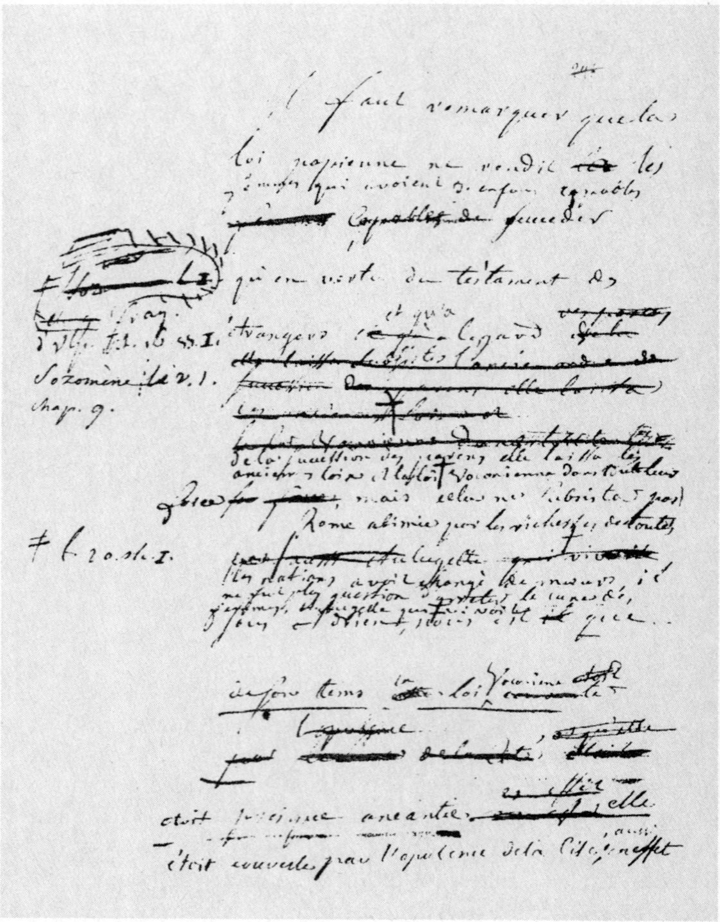

Blatt aus dem Manuskript «Vom Geist der Gesetze»: Montesquieu füllte die Seite mit Korrekturen, bis eine Abschrift erforderlich wurde.

Nachdem Montesquieu das Werk gemäß den Ratschlägen, die ihm 1745 von seinem Sohn, von Barbot und dem Abbé Octavien Guasco zuteil geworden waren, überarbeitet hatte, vertraute er drei in Reinschrift gebrachte Teile dem Genfer Diplomaten Pierre Mussard an, der sie im Mai 1747 dem aus Lyon in seine Heimatstadt eingewanderten Verlagsbuchhändler Jacques Barrillot vorlegte. Barrillot, an politischer Philosophie interessiert und im Begriff, die «Prinzipien des Naturrechts» von Jean-Jacques Burlamaqui zu drucken, nahm den Auftrag an. Im Juni 1747 folgte Montesquieu erst einmal einer Einladung an den Hof des im Polnischen Thronfolgekrieg unterlegenen Stanislaus Leszczynski in Lunéville. Stanislaus hatte als Entschädigung das Herzogtum Lothringen erhalten, das aufgrund vertraglicher Bestimmung nach seinem Tod an Frankreich fallen sollte. *Gott sei Dank*, schrieb Montesquieu nach Berlin an Maupertuis, *habe ich die Werke abgeschlossen, die ich begonnen hatte und auf jeden Fall fertigschreiben wollte; ich empfinde die Freude, die einen überkommt, wenn man das Kolleg verläßt.* Er war nach der jahrelangen Anspannung so erschöpft, daß er jeder anspruchsvollen Unterhaltung aus dem Wege ging und sich gelegentlich arg zerstreut aufführte. Eine Bekannte, die Tochter der Salondame Geoffrin, verriet, daß «der ganze lothringische Hof und selbst die Diener nicht davon loskamen, an ihm das Aussehen und Verhalten eines Schwachsinnigen auszumachen»[149].

Nach seinem Urlaub in Lunéville verfaßte Montesquieu noch drei letzte, ebenso umfangreiche wie komplizierte Bücher für *Vom Geist der Gesetze* (XXVIII, XXX, XXXI). Er habe sich daran *fast totgearbeitet*, stöhnte er und muß ihnen große Bedeutung beigemessen haben.[150] Mit den hier angestellten Forschungen über die Entstehung des Privatrechts in Frankreich und über das Rechtssystem der Feudalzeit begab er sich auf historisches Neuland. Der französische Mediävist Marc Bloch hat ihm das Verdienst zugesprochen, Begriffen wie «Feudalsystem» und «Feudalgesetze», die wohl von Boulainvilliers geprägt worden seien, einen festen Platz in der Sprache der Gelehrten ganz Europas verschafft zu haben.[151] Montesquieu griff in die historisch-politische Auseinandersetzung darüber ein, ob in Frankreich der Monarch oder der Adel eine längere und ursprünglichere Tradition besäßen; Boulainvilliers hatte in einer 1732 postum erschienenen Abhandlung den fränkischen Adel an die erste Stelle gesetzt: Nach germanischer Tradition habe er einen König gewählt («germanistische» These).[152] Jean-Baptiste Dubos dagegen hatte 1734 eine Kontinuität des römischen Rechts in Frankreich behauptet und die Legitimität des Monarchen auf die römischen Kaiser zurückgeführt («romanistische» These).[153] Montesquieu wählte einen mittleren, dritten Weg, indem er eine Geschichte des fränkischen Lehenswesens skizzierte. Die Einführung der Erblichkeit der Lehen im 8./9. Jahrhundert *beseitigte die staatliche Herrschaft*; die

Könige hätten nur noch eine geringe unmittelbare Gewalt gehabt: diese Gewalt, *die erst durch so viele und dabei so starke andere Gewalten vermittelt werden mußte, wurde gehemmt oder verlor sich, ehe sie ihr Ziel erreichte*[154]. Gleichgewicht zwischen König und Adel, Machtbalance, Zwischengewalten – all das hatte es also schon einmal gegeben, lange vor dem Absolutismus in der auf Grundbesitz gegründeten, noch kaum Handel treibenden Feudalmonarchie des Hohen Mittelalters. Gewiß wollte Montesquieu dorthin nicht zurück. Aber ihn schien zu bewegen, was der ihm geistesverwandte Bertrand de Jouvenel zweihundert Jahre später angesichts der ungeheuren Mobilisierungskraft der Staaten im Zweiten Weltkrieg empfand: Erschrecken über das Wachsen und die Konzentration der Staatsgewalt und die Furcht vor ihrer Ambivalenz – wie schnell könnte sie despotisch entarten![155] In diesen rechtshistorischen Büchern zeigte sich Montesquieu als Wissenschaftler, quellenkritisch und präzis. Dem Historiker Friedrich Meinecke ist aufgefallen, daß Montesquieu mit Vorliebe über das antike Rom, über das germanisch-fränkische Mittelalter und über das neuzeitliche England schrieb.[156] Das war kein Zufall: In der römischen Geschichte sah Montesquieu den Verlauf der Dekadenz exemplifiziert, im Mittelalter das durch Gegengewichte in seiner Macht eingeschränkte Königtum alter Ordnung, im England des 18. Jahrhunderts das Vorbild für einen zeitgenössischen Weg der Mäßigung des mittlerweile etablierten Absolutismus.

Im Lauf des Frühjahrs 1748 wurden die restlichen Teile der Reinschrift des später sogenannten Genfer Manuskripts in Satz gegeben. Für die erste Fahnenkorrektur und die Beaufsichtigung des Drucks war der Genfer Pastor Jacob Vernet gewonnen worden, den Montesquieu 1728 in Rom als Hotelnachbarn kennengelernt hatte. Freilich war Vernet, zugleich Professor für Schöne Literatur an der Genfer Akademie, kein unproblematischer Mitarbeiter. Er vernachlässigte die Korrektur und stritt sich lieber mit Montesquieu über inhaltliche Fragen. Montesquieu seinerseits erwies sich als schwieriger Autor, der entweder Manuskriptveränderungen auch zu bereits gesetzten Passagen nachschickte oder mit der Rücksendung von Fahnen zögerte, jedenfalls den Drucker zur Verzweiflung trieb. Nach gut einjähriger Vorbereitung konnten Ende Oktober 1748 die ersten Exemplare des zweibändigen Werkes verschickt werden – kurz nachdem eine Neuauflage der *Betrachtungen* in Paris auf den Markt gekommen war, mit königlicher Genehmigung. Die beiden stabilen

Quartbände mit ihrer großen Schrift waren erstmals am 11. November in der französischen Hauptstadt zu erwerben. Montesquieu hatte im Untertitel seiner neuen Publikation erläutert, sie handele *von dem Bezug, den die Gesetze zur Verfassung jeder Regierung, zu den Sitten, dem Klima, der Religion, dem Handel etc. haben müssen*; ferner verwies er hier auf den Umstand, daß er ganz am Schluß noch *neue Forschungen* angefügt habe *über die römischen Erb(folge)-gesetze, über die fränkischen und die Lehnsrechte*. Das Werk wies vierzehn «cartons» auf, aber diese stellten – obgleich inhaltliche Abschwächungen – keine Zensurmaßnahme dar, sondern waren auf Bedenken zurückzuführen, die Montesquieu zum Schluß selbst noch gekommen waren. Sicherheitshalber hatte er vor allem betont, daß die *Zwischengewalten* nicht nur *untergeordnet*, sondern auch *abhängig* seien, denn in der Monarchie sei *tatsächlich der Fürst die Quelle aller staatlichen und bürgerlichen Macht*[157].

Der französische Resident in Genf, Pierre de Champeaux, übernahm es, ein Exemplar des Werks *Vom Geist der Gesetze* dem französischen Kanzler d'Aguesseau zuzusenden – mit dem beschwichtigenden Bemerken, daß es «nichts Verletzendes» enthalte und daß der einzige Grund, es im Ausland drucken zu lassen, darin bestehe, «daß sich Schriftsteller eines gewissen Ranges nicht den kleinlichen Formalitäten unterwerfen» wollten, die in Frankreich üblich seien; Champeaux und Montesquieu hatten sich im Club de l'Entresol kennengelernt. Der Kanzler, dem die Librairie unterstand, ließ sich dann zu einer «stillschweigenden Genehmigung» herab und erlaubte im Januar 1749 sogar den Druck einer Ausgabe in Paris – mit der für ein Regierungsmitglied bemerkenswerten, aber keineswegs ungewöhnlichen Maßgabe, daß auf der Titelseite der Name einer ausländischen Stadt erscheine. Das Werk war schnell in ganz Europa verbreitet. Ende 1749 zählte Montesquieu nicht weniger als zweiundzwanzig Ausgaben. Die Behörden waren gnädig mit ihm umgegangen: Denis Diderot wurde im selben Jahr 1749 wegen seiner «Briefe über die Blinden» in Vincennes eingekerkert.

Wenn man ein Buch liest, mahnte Montesquieu hernach einen der ersten Kritiker, *muß man dazu aufgelegt sein zu glauben, daß der Autor die Widersprüche bemerkt hat, die man meint, in ihm auf den ersten Blick zu erkennen. Man muß damit beginnen, seinen unmittelbaren Urteilen zu mißtrauen und sich die Passagen noch einmal vornehmen, die sich scheinbar widersprechen, sie miteinander vergleichen, sie dem gegenüberstellen, was ihnen vorangeht und folgt, und*

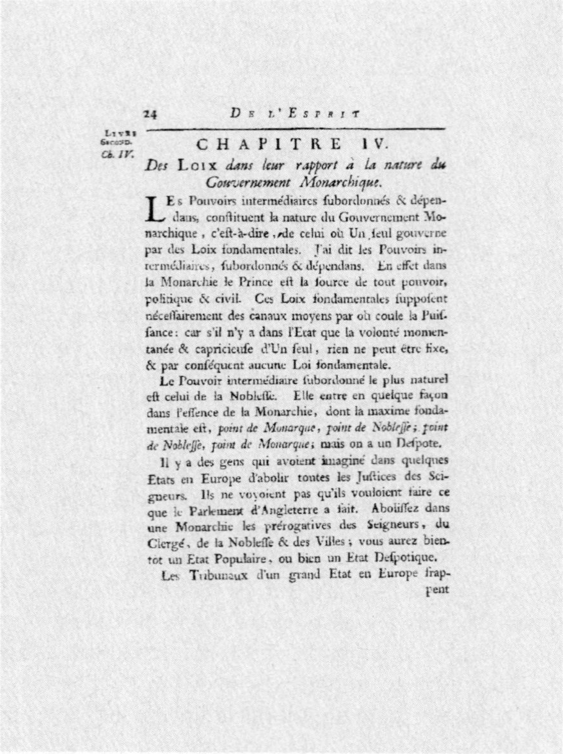

24 DE L'ESPRIT

LIVRE SECOND. Ch. IV.

CHAPITRE IV.

Des LOIX *dans leur rapport à la nature du Gouvernement Monarchique.*

LES Pouvoirs intermédiaires ſubordonnés & dépendans, conſtituent la nature du Gouvernement Monarchique, c'eſt-à-dire, de celui où Un ſeul gouverne par des Loix fondamentales. J'ai dit les Pouvoirs intermédiaires, ſubordonnés & dépendans. En effet dans la Monarchie le Prince eſt la ſource de tout pouvoir, politique & civil. Ces Loix fondamentales ſuppoſent néceſſairement des canaux moyens par où coule la Puiſſance: car s'il n'y a dans l'Etat que la volonté momentanée & capricieuſe d'Un ſeul, rien ne peut être fixe, & par conſéquent aucune Loi fondamentale.

Le Pouvoir intermédiaire ſubordonné le plus naturel eſt celui de la Nobleſſe. Elle entre en quelque façon dans l'eſſence de la Monarchie, dont la maxime fondamentale eſt, *point de Monarque, point de Nobleſſe; point de Nobleſſe, point de Monarque*; mais on a un Deſpote.

Il y a des gens qui avoient imaginé dans quelques Etats en Europe d'abolir toutes les Juſtices des Seigneurs. Ils ne voyoient pas qu'ils vouloient faire ce que le Parlement d'Angleterre a fait. Aboliſſez dans une Monarchie les prérogatives des Seigneurs, du Clergé, de la Nobleſſe & des Villes; vous aurez bientot un Etat Populaire, ou bien un Etat Deſpotique.

Les Tribunaux d'un grand Etat en Europe frap-
pent

Selbstzensur: Ein «carton» in «De l'esprit des lois».
Die Kapitelüberschrift ist eingezwängt.

sehen, ob sie zur selben Hypothese gehören, ob sich der Widerspruch in den Dingen befindet oder nur in der eigenen Auffassung[158]. Daß *Vom Geist der Gesetze* voller Widersprüche sei, ist immer erneut eingewandt worden, und niemand hat sie so unnachsichtig bloßgelegt wie 1933 der Historiker Walter Struck. Aber vielleicht handelt es sich nur selten um eklatante logische Mißgriffe, häufiger dagegen um Spannungsverhältnisse und Gegensätzlichkeiten, und vielleicht haben just sie zum Erfolg des Werks beigetragen. *Man wird auf diesen Seiten*, so hat Montesquieu ahnungsvoll vorausgeschickt, *nicht jene blendenden Züge finden, welche die heutigen Werke auszuzeichnen scheinen. Betrachtet man die Dinge in einer gewissen Ausdeh-*

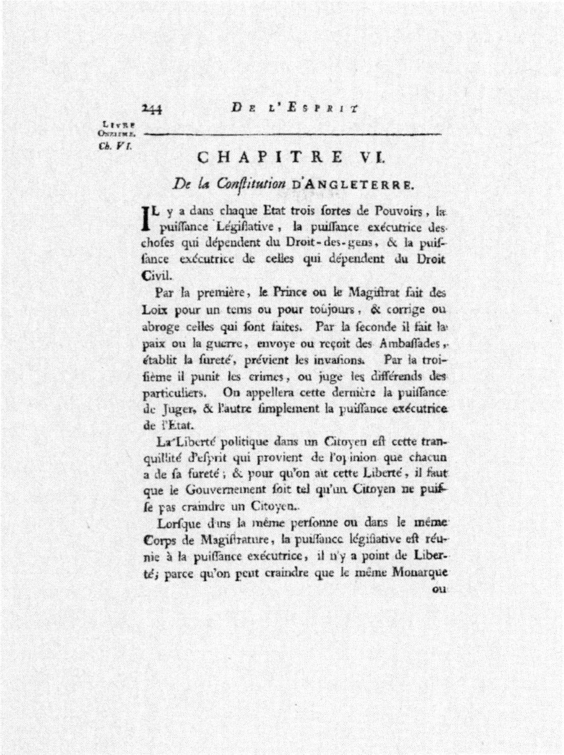

244 DE L'ESPRIT

LIVRE ONZIEME. Ch. VI.

CHAPITRE VI.

De la Conſtitution D'ANGLETERRE.

IL y a dans chaque Etat trois ſortes de Pouvoirs, la puiſſance Légiſlative, la puiſſance exécutrice des choſes qui dépendent du Droit-des-gens, & la puiſſance exécutrice de celles qui dépendent du Droit Civil.

Par la première, le Prince ou le Magiſtrat fait des Loix pour un tems ou pour toûjours, & corrige ou abroge celles qui ſont faites. Par la ſeconde il fait la paix ou la guerre, envoye ou reçoit des Ambaſſades, établit la ſureté, prévient les invaſions. Par la troiſième il punit les crimes, ou juge les différends des particuliers. On appellera cette dernière la puiſſance de Juger, & l'autre ſimplement la puiſſance exécutrice de l'Etat.

La Liberté politique dans un Citoyen eſt cette tranquillité d'eſprit qui provient de l'opinion que chacun a de ſa ſureté; & pour qu'on ait cette Liberté, il faut que le Gouvernement ſoit tel qu'un Citoyen ne puiſſe pas craindre un Citoyen.

Lorſque dans la même perſonne ou dans le même Corps de Magiſtrature, la puiſſance légiſlative eſt réunie à la puiſſance exécutrice, il n'y a point de Liberté; parce qu'on peut craindre que le même Monarque ou

Normal gesetzte Überschrift in «De l'esprit des lois»:
Der Anfang des Kapitels über die Verfassung Englands.

nung, dann verflüchtigen sich die geistreichen Einfälle. Sie kommen nur zustande, sofern der Geist sich einer Seite zuwendet und alle anderen darüber vernachlässigt.[159] Dagegen hat Struck Stimmen zusammengestellt, die Montesquieu intellektuelle Fahrlässigkeit vorgeworfen haben. Die schärfste Polemik kam vom «Chefideologen» der im Zeichen der Heiligen Allianz stehenden Restaurations- und Reaktionszeit, dem Schweizer Karl Ludwig von Haller, der überall Jakobiner witterte: Montesquieus Chef d'œuvre wurde von ihm «wegen seinem witzigen, sententiösem Aussehen und dem französischen flüchtigen Gewand» attackiert; «die gefährlichsten Sophismen» seien darin eingehüllt, «rhapsodisch hingeworfene Bemerkungen», «leere Witzeleien», «schimmernde Antithesen», und es habe infolgedessen «unglaublich viel zur Verwirrung der Köpfe beigetragen und für die späteren, noch konsequenteren Revolutionsdogmen empfänglich gemacht».[160]

Die berühmteste Stelle in Montesquieus Hauptwerk *Vom Geist der Gesetze*, jene, an der oft das ganze Werk, ja das komplette Phänomen Montesquieu festgemacht wird, steht im Kapitel *Über die Verfassung Englands*, ist also das Ergebnis einer Auseinandersetzung mit demselben politischen System, das Locke zu seinen Theorien angeregt hatte: *Wenn in derselben Person oder der gleichen obrigkeitlichen Körperschaft die gesetzgebende Gewalt mit der vollziehenden vereinigt ist, gibt es keine Freiheit; denn es steht zu befürchten, daß derselbe Monarch oder derselbe Senat tyrannische Gesetze macht, um sie tyrannisch zu vollziehen. Es gibt ferner keine Freiheit, wenn die richterliche Gewalt nicht von der gesetzgebenden und vollziehenden getrennt ist. Ist sie mit der gesetzgebenden Gewalt verbunden, so wäre die Macht über Leben und Freiheit der Bürger willkürlich, weil der Richter Gesetzgeber wäre. Wäre sie mit der vollziehenden Gewalt verknüpft, so würde der Richter die Macht eines Unterdrückers haben. Alles wäre verloren, wenn derselbe Mensch oder die gleiche Körperschaft der Großen, des Adels oder des Volkes diese drei Gewalten ausüben würde; die Macht, Gesetze zu geben, die öffentlichen Beschlüsse zu vollstrecken und die Verbrechen oder die Streitsachen der einzelnen zu richten.*[161]

Hier handelt es sich freilich weniger um eine Beschreibung des englischen Systems als um «eine neue und kühne Staatstheorie im Gewande eines Beispiels»[162]. Anknüpfend an die Argumente der Londoner Tory-Opposition gegen das Ministerium Walpole, entwirft Montesquieu ein Gegenbild zu dem in Frankreich kultivierten Absolutismus. Der Nachfolger des Sonnenkönigs, der an den Staatsgeschäften nur mäßig interessierte Ludwig XV., dessen Minister die (fast) unumschränkte Herrschaft fortzuführen bestrebt waren, wird in *Vom Geist der Gesetze* zwar nicht namentlich erwähnt; aber neben dem türkischen Sultan und einigen italienischen Stadtrepubliken finden sich als abschreckende Beispiele auch *mehrere europäische Könige* angeführt, die ihre despotische Herrschaft auf die Vereinigung *aller hohen Ämter ihres Staates* gründeten.[163]

Daß Montesquieu als Angehöriger des französischen Provinzadels und ehemaliges Mitglied eines vom Pariser Zentralismus bedrohten, aber auf seinem Anteil an der Gesetzgebung beharrenden

Regionalgerichtshofs sich gegen die Machtvollkommenheit absolutistischer Monarchen wandte, kann nicht verwundern. Teile der Aristokratie hegten seit dem 17. Jahrhundert Befürchtungen, zwischen dem Monarchen und dem von ihm partiell zur Verwaltung des Königreichs herangezogenen Großbürgertum zerrieben zu werden. Die Mittelposition eines regenerierten Adels zu behaupten, hieß jene beiden Kräfte voneinander getrennt zu halten. Montesquieu sah allerdings nicht die Möglichkeit des in England institutionaliserten «impeachment» (einer Anklage wegen Amtsvergehens) gegen einen König vor – dieser müsse *unantastbar* sein[164] –, sondern nur gegen seine Minister. Wenn er die *Wesire* geißelte, die Ersten Minister der typisch despotischen Regime im Orient, dann fühlten sich wohl nicht wenige seiner Leser auch an die französischen Kardinäle und Ersten Minister Richelieu, Mazarin und Fleury erinnert, die die französische Politik vor und nach Ludwig XIV. bestimmt hatten. Despotien, so lehrte Montesquieu, träten auch als Verfallsprodukte ursprünglich monarchischer Gemeinwesen auf, im Orient wie in Europa.

Montesquieu, der sich gern in der Rolle eines weisen Gesetzgebers sah wie die teils historisch bezeugten, teils legendären Gesetzgeber Athens und Spartas, Solon und Lykurg, oder auch in der Rolle eines Politikberaters wie die Philosophen Platon und Machiavelli, verwob drei Modelle der Aufteilung politischer Macht miteinander. Die analytische Trias der Staatsfunktionen «Exekutive–Legislative–Judikative» und die formale Quadriga der Institutionen «Monarch–Oberhaus–Unterhaus–Gerichte» erhielten eine gesellschaftliche Trias als materiale Grundlage: Der einer Herrscherdynastie entstammende, auf der Basis von *Grundgesetzen* (*lois fondamentales*) regierende Monarch sollte vor allem exekutive Kompetenzen, aber (zum Beispiel durch Zustimmungs- oder Einspruchsrechte gegenüber den Parlamentskammern) auch einen Einfluß auf die Gesetzgebung ausüben. Das in Frankreich vorfindliche Verhältnis zwischen gesetzgebendem König und zu Einsprüchen berechtigten Parlamenten (Regionalgerichtshöfen) fand sich hier in sein Gegenteil verkehrt. Das Oberhaus, die Adelskammer mit vererbbarer Mitgliedschaft, sollte an der Gesetzgebung, aber auch an der Judikative teilhaben: als Appellationsinstanz für die normalen Gerichte und als Gericht für Adlige und Minister. Dem aus *allgemeinen* Volkswahlen hervorgehenden Unterhaus war der größere Teil der Legislative zugedacht, vor allem aber das Etatrecht, ein Teil der Exekutive. Die bürgerliche

Judikative sollte – so schwebte es dem Juristen Montesquieu in dem zitierten England-Kapitel vor – hauptsächlich von gewählten Geschworenengerichten wahrgenommen werden.[165]

Montesquieu nannte auch das große Ziel, in dessen Dienst diese materiale Gewaltenteilung, die auf der Ebene der Institutionen zugleich eine Gewaltenverschränkung war, gestellt werden sollte: die Freiheit. Darunter verstand er hier *jene Ruhe des Gemüts, die aus dem Vertrauen erwächst, das ein jeder zu seiner Sicherheit hat*[166]. Die unterschiedlichen Institutionen und ihre Träger sollten einander hemmen, kontrollieren, ausbalancieren. Dabei dachte Montesquieu vor allem an ein Gleichgewicht zwischen Monarch, Adelskammer und Volkskammer. Übernähme die Adelskammer die politische Kontrollfunktion der Regionalgerichtshöfe, so sei die Möglichkeit gegeben, den Machtanteil des Gerichtswesens *auf ein Nichts* zu reduzieren: *Die unter den Menschen so schreckliche richterliche Gewalt*, so der ehemalige Richter, sollte *losgelöst von der Bindung an einen bestimmten Stand oder einen bestimmten Beruf* politisch neutralisiert werden, und er ließ seine Sympathie dafür durchblicken, daß innerhalb jeden Standes eigene Gerichte gewählt werden und am besten nur zeitweilig zusammentreten sollten.[167] In dieser konstitutionell-ständischen Monarchie war dem König als Souverän ein klarer, aber nicht absoluter Vorrang vor den anderen Kräften der Gesellschaft zugedacht. Der Staat hatte dafür Sorge zu tragen, daß die Bewohner des Staatswesens einander ihre Freiheit ließen; zugleich sollte er außerstande gesetzt sein, diese Freiheit von sich aus zu verletzen. Allerdings findet sich «Freiheit» in unterschiedlicher Weise definiert und bleibt – wie fast alle zentralen Begriffe bei Montesquieu – letztlich unklar: Freiheit, so lesen wir einmal, könne *nur darin bestehen, das tun zu können, was man [moralisch] wollen darf, und nicht gezwungen zu sein, was man [moralisch] nicht wollen darf*; und ein anderes Mal: *Wenn ein Bürger tun könnte, was die Gesetze verbieten, so hätte er keine Freiheit mehr, weil die anderen ebenfalls diese Macht hätten.*[168] Beide Formeln bleiben metaethisch: abstrakt und normativ leer. Die unscharfe Grenze zwischen Freiheit und Unfreiheit war in jener Zeit noch kaum durch Menschen- und Bürgerrechtspostulate markiert. Auch vermochte Montesquieu die vom Bürgertum angestrebte individuelle Freiheit noch nicht klar von den ungleich verteilten Freiheiten in einer ständischen Gesellschaft zu unterscheiden.

Die Konzeption der Gewaltenteilung bildet das Herzstück der

Montesquieu, Kupferstich von Carlo Faucci, 1767,
Frontispiz der «Lettres familières» von Octavien Guasco

«gemischten» Verfassung Montesquieus, einer mit Elementen aus Aristokratie und Demokratie angereicherten, durch Machtbalance «gemäßigten» Monarchie. Montesquieu unterscheidet drei Typen politischer Systeme: die Republik (Demokratie und Aristokratie), die Monarchie und die Despotie. Die Monarchie ist hier das einzige System, das auch als Typus schon gemischt auftritt. Es enthalte notwendig *vermittelnde Gewalten* zwischen König und «einfachem» Volk: den Adel, den Klerus und das städtische Großbürgertum. *Die natürlichste untergeordnete Zwischengewalt ist der Adel. Er gehört gewissermaßen zum Wesen der Monarchie.*[169] Demokratie und Aristokratie – so Montesquieu – seien *ihrer Natur nach* keineswegs freiheitliche Systeme; Freiheit finde sich nur unter gemäßigten Regierungsformen, und wo die Stände fehlten, herrsche Despotie.[170] Wenn für Montesquieu die Monarchie das beste politische System und vor allem durch materiale Gewaltenteilung und Zwischengewalten gekennzeichnet ist, so wird deutlich, daß dieses Konzept nicht allein in Gegensatz zum Absolutismus und zu den totalitären Systemen steht, die die Menschheit im 20. Jahrhundert in Schrecken versetzt haben: Auch der Abstand zu den «westlichen Demokratien» ist unübersehbar.

Die Bücher über die verschiedenen politischen Systeme, über die politische Freiheit und über die Gewaltenteilung machen nur einen kleineren Teil des Werks *Vom Geist der Gesetze* aus. Insgesamt hat Montesquieu darin nichts Geringeres unternommen als 1. eine ontologische Theorie der Gesetze; 2. eine empirische Theorie der Formen, der Funktionsweise und der Entwicklung menschlicher Gesellschaften (vor allem als politischer Systeme) sowie des sozialen, politischen und ökonomischen Verhaltens ihrer Mitglieder; 3. eine normative Theorie der Gesetzgebung. Die im ersten Buch versuchte ontologische Gesetzestheorie geht von einem der stets zum logischen Scheitern verurteilten Gottesbeweise aus: *Was wäre unsinniger als ein blindes Schicksal, das vernunftbegabte Wesen hervorgebracht hätte?* Sie dient dazu, die Leser von der Gesamtheit aller Gesetze zu der Art von Gesetzen hinzuführen, die Montesquieu eigentlich interessiert. Er versucht hier, einen philosophischen Standpunkt zu beziehen, und das hieß zu seiner Zeit allemal auch einen Standpunkt gegenüber der Religion: *Gesetze im weitesten Sinne des Wortes sind Beziehungen, die sich aus der Natur der Dinge mit Notwendigkeit ergeben. In diesem Sinne haben alle Wesen ihre Gesetze: die Gottheit und die körperliche Welt, höhere geistige Wesen, Tiere und Menschen haben ihre eigenen Gesetze.*[171]

Als Gesetze wurden bis ins 17. Jahrhundert ausschließlich Befehle von göttlichen oder menschlichen Gesetzgebern zur Regelung des Verhaltens der Menschen verstanden (Sollens- oder normative Gesetze). Die allmähliche Ausdehnung des Begriffs auf kausale oder statistische Regelmäßigkeiten, die sich in der Natur oder an der Natur empirisch feststellen lassen (deskriptive Gesetze, Naturgesetze, Funktions- oder Kausalgesetze) ging zum Teil Hand in Hand mit pantheistischen oder deistischen Vorstellungen: Gott sei mit den Gesetzen, die er gebe oder denen er gar unterworfen sei, integrierender Bestandteil der Welt, oder er habe die Welt ein für allemal damit ausgestattet. Montesquieus Versuch, normative und deskriptive Gesetze auf eine Formel zu bringen, zeugt vom Vordringen des naturwissenschaftlichen Gesetzesbegriffs. Ferner deutet sich hier seine moderat materialistische Vorstellung von einer Hierarchie der Gesetze an: Die Sollensgesetze seien – in unterschiedlicher Intensität – durch die im weitesten Sinn geographischen Umstände bedingt, unter denen die betreffende Gesellschaft lebe. Der Gedanke, daß nicht allein die Funktions-, sondern auch die Sollensgesetze, zumindest in ihrem Kern, auf den Schöpfungsakt eines seither nicht mehr intervenierenden Gottes zurückgehen und deshalb – als der Welt inhärent – nicht mehr aufgestellt, sondern gefunden werden müssen, lag nahe. Der Idee nach – so Montesquieu – habe es bereits *mögliche Rechtsbeziehungen* gegeben, als an menschliche Gesellschaften und positive Gesetze noch nicht zu denken war: *Zu behaupten, daß es kein Recht oder Unrecht gebe als das, was die positiven Gesetze befehlen oder verbieten, heißt soviel wie behaupten, ehe man den ersten Kreis gezogen habe, seien die Radien nicht gleich gewesen.*[172] Das war eine platonische Spekulation, konnte aber (wenngleich nicht zwingend) in menschenfreundlicher Absicht interpretiert werden: Wenn den positiven Gesetzen ein Naturrecht gegenübergestellt und als von Gott geschaffen, also vollkommen bezeichnet wird, so können die positiven Gesetze als unvollkommen, beispielsweise als Phänomene der Dekadenz erscheinen. Montesquieus Beispiele für *Grundsätze der Billigkeit […], die älter sind als die positiven Gesetze*, waren zwar mager: Es sei gerecht, *daß ein vernünftiges Wesen, das einem anderen ein Übel zufügt, es verdient, dasselbe Übel zu erleiden*[173]. Aber es war mit diesem gedanklichen Instrument möglich, sich von einem ganzen Rechtssystem zu distanzieren; im Gegenteil freilich auch, ihm eine Legitimation «faute de mieux» zu verschaffen – als einem System, das sich durch Veränderung nur verschlimmern könne oder immerhin in der Lage sei, weiterem Verfall Einhalt zu gebieten. Der Schöpfer habe nämlich – so Montesquieu in wenig konsequenter Weise – die mit Vernunft ausgestatteten Menschen dazu befähigt, nicht nur gegen ihre eigenen, sondern auch gegen die ursprünglichen Natur- und Sittengesetze zu verstoßen. Drei Instanzen seien bemüht, diesem Niedergang entgegenzuwirken: Gott habe seine fehlbaren Geschöpfe *durch die Gesetze der Religion zu sich zurückgerufen*; Philosophen hätten die Menschen *durch [die Erinnerung an] die Sittengesetze gewarnt*; von den Gesetzgebern seien sie *durch staatliche und bürgerliche Gesetze* zu ihren Pflichten zurückgeführt worden.

Unter Naturgesetzen verstand Montesquieu zweierlei: zunächst physikalische Regelmäßigkeiten, wie sie beispielsweise im Verhältnis zwischen Masse und Geschwindigkeit bewegter Körper beobachtet werden könnten; hierfür interessierte er sich weniger. Zweitens biologisch-psychologisch-soziologische Konstanten, die das Verhalten der Menschen bestimmen: die Gesetze 1. des friedlichen Verhaltens, 2. des natürlichen Verlangens zwischen einzelnen Menschen und 3. des Drangs zum gesellschaftlichen Zusammenleben. Im Anschluß an seinen Gottesbeweis erwies Montesquieu der etablierten Religion eine weitere Reverenz: Als das zwar nicht der zeitlichen Reihenfolge, aber der Wichtigkeit nach erste aller Gesetze stellte er jenes heraus, *das uns die Vorstellung eines Schöpfers einprägt*[174]. Freilich deutet er an, daß er diesen Gott für eine Erklärung der Welt nicht als unverzichtbar betrachte: Die Schöpfung erfordere *ebenso unveränderliche Gesetze wie der Zufall der Atheisten*, und Gott sei nicht in der Lage, die Welt ohne diese Regeln zu lenken.[175] Man konnte Gott folglich eliminieren, ohne das darauf ruhende Gedankengebäude zum Einsturz zu bringen: Die «ewigen» Gesetze waren wichtiger als Gott, sofern man nur bereit war, ihren Ursprung da zu belassen, wo er liegt, im dunkeln nämlich, und auf Mythen zu verzichten. Diese Gottesvorstellung kam dem in England und Frankreich damals verbreiteten Deismus nahe: daß Gott zwar die Welt geschaffen, sie dann aber, einem aufgezogenen Uhrwerk vergleichbar, den ihr gegebenen Regelmäßigkeiten überlassen habe.

Positive Gesetze, so Montesquieu, stellen ein Ergebnis der menschlichen Vergesellschaftung dar. In der Gesellschaft verlören die Menschen ihre Furcht, aber auch eine ursprüngliche Gleichheit ginge verloren, und es begänne der (offene oder latente) Kriegszustand. Ihn zu vermeiden, müßten die zwischen- und innergesellschaftlichen Beziehungen durch das Völkerrecht und das Staatsrecht geregelt werden. Hier, bei den Zivil- und denjenigen Gesetzen, die das Verhältnis zwischen den Regierenden und den Regierten bestimmen, ist Montesquieu bei seinem eigentlichen Thema angelangt: Am besten sei die Regierungsform, *deren Eigenart dem Wesen des betreffenden Volkes am meisten angepaßt ist.* Ebenso sei es mit den Gesetzen: *Sie müssen dem Volk, für das sie geschaffen sind, so genau angepaßt sein, daß es ein großer Zufall wäre, wenn sie auch einem anderen Volke angemessen wären.*[176]

Der *Geist der Gesetze* – das ist das einem Volk eigentümliche Ensemble seiner positiven Gesetze sowie das «Wesen» dieses Ensembles, seine «Philosophie». Die Gesetze müssen, so erläutert Montesquieu potentiellen Gesetzgebern ebenso wie politischen Beobachtern, nicht allein der zu errichtenden oder schon bestehenden Regierungsform entsprechen, vielmehr auch *der Natur des Landes [...], seinem kalten, heißen oder gemäßigten Klima, der Beschaffenheit des Bodens, seiner Lage und Größe, der Lebensweise der Völker, ob Ackerbauer, Jäger oder Hirten: sie müssen dem Grad von Freiheit entsprechen, der sich mit der Verfassung verträgt; der Religion der Bewohner, ihren Neigungen, ihrem Reichtum, ihrer Zahl, ihrem Handel, ihren Sitten und Gebräuchen.*[177]

Getreu diesem Programm behandeln die Bücher II bis XIII des Werks die Systeme der Republik, Monarchie und Despotie; die Bücher XIV bis XVIII sind den geographischen Ursachen gewidmet, die auf Sitten, Gebräuche und Gesetze der Menschen einwirken: dem Klima vor allem und dem Boden. Buch XIX ist ein Versuch, die kollektive Geisteshaltung eines Volks zu bestimmen und die Möglichkeiten und Grenzen, diesen *Volksgeist* (*esprit général*) durch Gesetzgebung zu formen. Mit *Volksgeist* ist offenbar die Kultur einer Population im umfassendsten, sozialanthropologischen Sinn gemeint. Die positiven Gesetze und ihr *Geist* – so stellt Montesquieu fest – bilden einen integrierenden Bestandteil des *Volksgeistes.* Dieser ist also die umfassendere Kategorie: *Verschiedene Dinge beherrschen die Menschen: Klima, Religion, Gesetze, Regierungsgrundsätze, Vorbilder der Vergangenheit, Sitten und Gebräuche.*[178] Und wenn Montesquieu unter dem Druck der Kritik später zu der Untertreibung neigte, sein großes Werk sei kaum mehr als eine juristische Monographie, so hätte er sich darauf berufen können, es nicht dem *Volksgeist* gewidmet, sondern sich auf den *Geist der Gesetze* beschränkt zu haben.

Im dritten, größeren Teil des Werks, in den Büchern XX bis XXV, findet sich der Einfluß der wichtigsten sozialen Faktoren auf Sitten, Gebräuche und Gesetze untersucht: des Handels, des Geldes, der Bevölkerungszahl und der Religion. In Buch XXVI knüpft Montesquieu an seine Einführungskapitel an: Er grenzt die göttlichen von den menschlichen Gesetzen ab, das Naturrecht vom positiven Recht, die Vorschriften der Religion von den Normen des bürgerlichen Rechts. Die Bücher XXVII und XXVIII sowie XXX und XXXI sind der Rechtsgeschichte gewidmet, während Buch XXIX – das ursprüngliche und eigentliche Schlußkapitel – in resümierender Weise der Frage nachgeht, wie Gesetze zu machen seien. Da es aber tatsächlich nicht am Schluß steht, bricht das gewaltige Opus nach den Darlegungen über *Die Lehre vom Lehnsrecht der Franken in seiner Beziehung zur Errichtung der Monarchie* unvermittelt ab. Es bleibt ein mächtiger Torso, das Ergebnis jahrelangen Ringens mit dem *Volksgeist* und dem *Geist der Gesetze*, ungeheuer reich an politischen, soziologischen, juristischen, ökonomischen Einsichten, freilich auch mit zahlreichen Mängeln behaftet: Zusammenhanglosigkeit, Sprunghaftigkeit, unkritische Haltung gegenüber zahlreichen Quellen. Doch interessieren uns Montesquieus Anregungen und nicht seine Fehler.

Ein Gesetzgeber – so Montesquieu – müsse das Verhalten seines Volkes und dessen Bedingungen kennen; der Geist der Gesetze, die er erlasse, müsse damit in Übereinstimmung stehen. Ein politischer Beobachter aber wird Übereinstimmungen zwischen dem *esprit général* eines Volkes und den ihm gegebenen Gesetzen nur zum Teil auf den Willen des Gesetzgebers zurückführen, eher dagegen auf soziologische Regelmäßigkeiten. Diese mögen sich für den Gesetzgeber als Sachzwänge darstellen oder ihm gar nicht bewußt werden; für Montesquieu scheinen sie sich *aus der Natur der Dinge* zu ergeben. Doch diese Formel verdeckt den von ihm oft nicht bewältigten Unterschied zwischen dem, was sich zwingend aus Ursachen ergibt, und dem, was den Akteuren zur Erreichung eines Ziels oder in Verfolg moralischer Normen manchmal als kaum weniger zwingend notwendig erscheint. An manchen Stellen stockt die Lektüre: *Ein großes Reich setzt die despotische Gewalt seines Herrschers voraus. […] Furcht muß die Nachlässigkeit des Statthalters oder des Beamten in der Ferne hintanhalten.*[179] Spricht hier der Soziologe Montesquieu oder der Politikberater? Sieht der Philosoph nicht nur keine Möglichkeit, Despotien in gemäßigte Systeme (zurück-)zuverwandeln, sondern gibt er gar noch den Tyrannen Ratschläge? Spricht er von einer tatsächlich existierenden Despotie, die ohne ein Mindestmaß an Furcht und Schrecken unvollkommen sei, oder nur von seinem Modell?[180] An leicht auffindbarer Stelle hat Montesquieu freilich klargestellt: *Man kann von diesen ungeheuerlichen Regierungen nicht ohne Schaudern sprechen.*[181] Das von ihm entworfene Bild des Despotismus, *wo das Gesetz nur der Wille des Herrschers ist*[182] und wo ein jeder *seine Sicherheit nur seiner gänzlichen Bedeutungslosigkeit verdankt*[183], ist in der Tat von «beklemmender Zeitlosigkeit»[184].

Montesquieus Schlafzimmer im heutigen, musealen Zustand

Ferner hat Montesquieu nicht etwa den Sklavenhaltern Argumente geliefert, vielmehr die Sklaverei – unabhängig davon, daß sie sich unter bestimmten natürlichen Bedingungen ökonomisch anbieten könnte – moralisch verworfen. Das Spannungsverhältnis zwischen dem Humanisten Montesquieu, der bestimmte moralische Normen zum Naturrecht erhob, und dem zu Materialismus und Relativismus neigenden soziologischen Komparatisten gleichen Namens zieht sich – unaufhebbar – durch *Vom Geist der Gesetze*. Diesem Dilemma zu entgehen war ihm unmöglich.

Montesquieus Theorie des gesellschaftlichen, vor allem politischen Verhaltens der Menschen will hinter der scheinbar *unendlichen Mannigfaltigkeit ihrer Gesetze und Sitten* Ursachen und Typen entdecken[185]; die Menschen ließen sich ja wohl kaum *von den Eingebungen ihrer Laune* leiten. Montesquieu stellte Hypothesen auf, *Grundsätze*, und konnte dann – wie er schrieb – sehen, *wie die einzelnen Gegenstände sich ihnen wie von selbst einfügen, wie die Geschichte der Völker lediglich ihre Folge ist, wie jedes besondere Gesetz mit einem anderen verbunden ist oder von einem anderen, allgemeineren abhängt*[186]. In unterschiedlichen Systemen sei das politische Verhalten der Menschen unterschiedlich, und es bedürfe zu seiner Beeinflussung unterschiedlicher Gesetze: Dieser Gedanke steht hinter Montesquieus Weiterentwicklung der traditionellen Staatsformenlehre, wie sie seit Platon und Aristoteles mit den Typen «Demokratie», «Aristokratie» und «Monarchie» operiert hatte sowie mit den entsprechenden Entartungsphänomenen: «Ochlokratie» (Pöbelherrschaft), «Oligarchie» (Cliquenherrschaft) und «Despotie» (Willkürherrschaft). Montesquieu übernahm die alte Klassifizierungsmethode: In der Demokratie herrsche das Volk, in der Aristokratie eine Elite daraus, in der Monarchie ein einzelner; aber er konstruierte ein neues Ensemble: Demokratie und Aristokratie faßte er unter der Bezeichnung «Republik» zusammen, ergänzte aber jenseits der Monarchie deren Entartungsform, die Despotie: Während im monarchischen System *ein einzelner, aber nach fest bestimmten Gesetzen* regiere, lenke in der Despotie *ein einzelner ohne Recht und Gesetz alles nach seinem Willen und seinen Launen.*[187] Damit hatte Montesquieu – nach aristotelischer Manier – die Monarchie als das Wünschenswerte in die Mitte gerückt. So sympathische Züge er stellenweise dem Republik-Modell zuschrieb und damit an die *Perserbriefe* und an die *Betrachtungen* anknüpfte, so sehr hielt Montesquieu doch aber die Zeit der Republiken für abgelaufen. In Überwindung der platonischen und aristotelischen Tradition stellte er seine System-Modelle in einen zeitlichen, geschichtsphilosophischen, ferner in einen materiellen sowie einen sozialpsychologischen und auch ethischen Zusammenhang: Sofern nicht durch heißes Klima, großes Territorium und massenhafte Bevölkerung schon längst oder gar von vornherein zur Despotie verdammt, folgten die Staatswesen in der Regel einem allmählichen Prozeß des Niedergangs von der Demokratie zur Despotie. Dieser Prozeß werde von territorialem Zugewinn und Bevölkerungswachstum sowohl begleitet als auch vorangetrieben. Er könne nicht rückgängig gemacht, aber im Stadium der Monarchie durch bestimmte Arrangements aufgehalten werden: durch Gewaltenteilung und Zwischengewalten, durch Verzicht auf Eroberungspolitik, durch Handel und die Garantie von Rechtssicherheit.

Hatte Montesquieu somit durch die Angabe der Zahl der (mehr oder minder) Herrschenden und durch den Verweis auf gewisse Verfassungsgrundsätze (oder deren Fehlen) in quantitativer und qualitativer Hinsicht die *Natur* seiner Typen politischer Systeme bestimmt, so kam als nicht weniger wichtiges Konstituens ihr jeweiliges *Prinzip* hinzu: *Tugend* in der Republik, *Ehre* in der Monarchie, *Furcht* in der Despotie. Montesquieu hat in einer späteren Auflage seines Werks zu präzisieren versucht, daß die republikanische *Tugend* keine moralische, sondern eine politische Tugend sei, nämlich *die Liebe zum Vaterland, das heißt die Liebe zur Gleichheit*, aber diese Unterscheidung konnte ihm hier nicht gelingen. Auch fand republikanische Tugendhaftigkeit – das hatte schon die Troglodytenfabel in den *Perserbriefen* demonstriert – zwar seine Bewunderung, aber er betrachtete sie zunehmend als übermenschlich-anstrengend und politisch als nicht einmal ungefährlich. Die Ahnung von der Möglichkeit eines Tugend-Terrors mochte ihn beschleichen: *In der Republik gelten [...] auch die Privatverbrechen als gegen das Gemeinwohl gerichtet*[188]; und uneheliche Kinder müßten *in der Republik, wo Sittenreinheit besonders nötig ist*, wohl *noch mehr Anstoß erregen als in der Monarchie.*[189] Freilich betrachtete Montesquieu die Republiken ohnehin als am stärksten vom Verfall bedroht; in seinen Augen sank ihre Halbwertszeit proportional zum Anstieg der Bevölkerung und zur Vergrößerung des Territoriums eines zunächst demokratischen, dann aristokratischen Gemeinwesens. Der Weg in die Monarchie schien gewissermaßen programmiert, und darin sei nicht länger die *Tugend* das Prinzip, sondern die *Ehre*.

Am Beispiel der *Ehre* wird die von Montesquieu beabsichtigte Unterscheidung zwischen moralischen und politischen Tugenden (die in seiner Republik zusammenfallen) nunmehr klar: Eine politische Tugend ist eine Einstellung, die dem Gemeinwesen – direkt oder indirekt – zu wünschenswerten Eigenschaften wie Stabilität, Prosperität oder auch Liberalität verhilft. Gewiß bedeutet *Ehre* hier das eigennützige Streben nach Macht, Geld und Prestige in einer von Rücksichtslosigkeit und Ungleichheit geprägten Ellenbogengesellschaft. Aber entspricht die Ellenbogengesellschaft nicht viel mehr den natürlichen, generell schlechten Neigungen der Menschen als die Tugendrepublik? *Die Ehre*, doziert Montesquieu, *setzt alle Glieder des Staatskörpers in Bewegung, sie verbindet sie durch ihr Wirken, und schließlich ergibt sich, daß jeder zum Gemeinwohl beiträgt, auch wenn er glaubt, nur seine Sonderinteressen zu verfolgen. Philosophisch gesehen ist freilich diese Ehre, die alle Glieder des Staates lenkt, eine falsche Ehre; aber diese falsche Ehre erweist sich für die Allgemeinheit als ebenso nützlich, wie es die wahre Ehre für den einzelnen sein würde, wenn er sie erlangen könnte.*[190] Montesquieu hat hier gegenüber der Troglodytenfabel eine ausdrückliche Wende vollzogen. Man meint, den 1733 verstorbenen Mandeville zu lesen, der mit seiner vieldiskutierten, mehrfach erweiterten «Bienenfabel» hatte demonstrieren wollen, daß eine Gesellschaft von Tugendbolden langfristig zum Eichelnfressen verurteilt sei und daß allein die Gesellschaft der «Schurken» (des englischen und niederländischen Frühkapitalismus) Prosperität erlangen könne: «So klagt denn nicht: für Tugend hat's / in großen Staaten nicht viel Platz»[191]: Die «goldene Zeit» – wenn es sie je gegeben haben sollte – gehöre der Vergangenheit an.

Für Republiken im 18. Jahrhundert hat Montesquieu denn auch kein Beispiel gegeben. Die von ihm in Italien besuchten Stadtrepubliken, vor allem Genua und Venedig, entsprachen seiner Troglodyten-Utopie in keiner Weise. Sein politisches Wunschbild mußte folglich darin bestehen, die großen europäischen Monarchien vor der Dekadenz zu bewahren, vor dem als typisch orientalisch betrachteten Despotismus. Das sei eine schwierige Aufgabe: *Wie sich die Flüsse ins Meer ergießen, so verlieren sich die Monarchien im Despotismus.*[192] Selbst kleinere Monarchien waren – wie er es im Königreich Sardinien und in dessen Hauptstadt Turin fast zwanzig Jahre zuvor erlebt hatte – vor Despotismus nicht gefeit: *Um nichts in der Welt möchte ich Untertan dieser kleinen Fürsten sein! Sie wissen über dein Tun und Lassen Bescheid; sie kennen deine Einkünfte genau; […] sie schicken dir Kommissare, die dich genau darlegen lassen, wieviel Weinberge du besitzt.*[193] Nachdem er die von Furcht, Willkür und Gleichmacherei gekennzeichneten despotischen Systeme dargestellt hatte, ging Montesquieu zu der Frage über, warum denn die meisten Völker – *trotz ihrer Liebe zur Freiheit und ihrem Haß gegen die Gewalt* – despotischer Herrschaft unterworfen seien, und er gab zur Antwort: *Um eine gemäßigte Regierung zu bilden, muß man die verschiedenen Gewalten miteinander verbinden, sie ordnen, mäßigen, zum Einsatz bringen, der einen sozusagen Ballast mitgeben, damit sie der anderen widerstehen kann: ein Meisterwerk der Gesetzgebungskunst ist hier vonnöten.*[194]

Dem Meisterwerk der Gesetzgebung sind allerdings – Montesquieu zufolge – materielle Grenzen gesetzt, vor allem durch die jeweiligen Klima- und Bodenverhältnisse. Handelt es sich hier um die Philosophie eines Weinbauern, der davon wußte, wie sehr das atlantische, nicht zuletzt vom Golfstrom bestimmte, feucht-milde und ausgeglichene Klima um Bordeaux herum und der einzigartige Boden der Graves-Region den Geschmack der nach althergebrachten Regeln sorgsam kultivierten Rebsorten beeinflussen? Die roten und weißen Graves-Weine sind die einzigen der Bordelaiser Region, die den Namen des Bodens tragen, auf dem sie wachsen. Seit 2000 Jahren werden sie auf dem mäßig gewellten Terrain angebaut, das im Schutz des Waldgürtels der «Landes» liegt und vom Einfluß der Garonne profitiert. Die von den Eiszeiten hinterlassenen Kiesel auf dem Kalk-, Ton- und Sanduntergrund speichern und reflektieren das Sonnenlicht und tragen zur perfekten Reife der Trauben bei, Klima und Boden ließen – so Montesquieu – auch die *Liebe zur Freiheit* und den *Haß gegen die Gewalt* in durchaus unterschiedlicher Intensität auftreten. Die Bewohner heißer Zonen seien träge, furchtsam und, da wenig erfinderisch, über die Maßen traditionalistisch. Die Hitze dort und die natürliche landwirtschaftliche Fruchtbarkeit begünstigten diese Indolenz, aber wenn die Erträge gezielt gesteigert werden sollten, könne die Einführung der Sklaverei – moralisch stets verwerflich – hier doch aber als vernünftig, da zweckmäßig erscheinen. Asien besitze keine eigentlich gemäßigte Zone, und daher seien dort auch so gut wie keine gemäßigten politischen Systeme anzutreffen, sondern ganz überwiegend Despotien. Die Menschen seien tüchtiger und freier in gebirgigen und eher unfruchtbaren Gegenden, die größere Anstrengungen erforderten. Zwar nehme auch die Trunksucht proportional zur Entfernung zum Äquator zu, aber immerhin sei dies zum Vorteil der Frauen, deren maßvoller Umgang mit dem Alkohol ihnen hier oft einen klareren Kopf und damit die Möglichkeit biete, ihre gesellschaftlichen Nachteile gegenüber den Männern zu verringern. Die Absichten des anglophilen Barons werden überdeutlich, wenn er zunächst die Theorie aufstellt, Inselvölker neigten in besonderem Maße zur Freiheit, dann aber neben England kein zweites Beispiel findet und sich hinsichtlich des fernöstlichen Japan in einer Fußnote korrigieren muß: *Japan widerspricht dem durch seine Größe und seine Knechtschaft.*[195] Ganz offenbar ging es Montesquieu um den wissenschaftlichen Nachweis, daß England, aber auch Frankreich und die anderen großen europäischen Monarchien (eventuell auch Staatenbünde oder Bundesstaaten) aufgrund ihrer mittelgroßen Ausdehnung, ihrer mittleren Lage zwischen Äquator und Pol, aufgrund des entsprechend gemäßigten Klimas und ihrer aus Gebirgen und Ebenen zusammengesetzten Landschaft keine schlechten Voraussetzungen dafür mitbrächten, durch eine angemessene Gesetzgebung vor dem Abgleiten in die Despotie bewahrt zu werden.

Der Soziologe Montesquieu faßt ganze Gesellschaftsformationen ins Auge, aber auch – gewissermaßen mikrosoziologisch – einzelne ihrer typischen Züge und deren Auswirkungen auf das Verhalten der Menschen. Seine Theorie der Strafen mag sich von der Spitze des Elfenbeinturms einer reinen Rechtsphilosophie als relativistisch oder historistisch ausnehmen, ist aber nichts anderes als der Versuch soziologischer Differenzierung. Der ehemalige Richter und Kammerpräsident vertrat den Standpunkt, daß die Angemessenheit einer Strafe zwar abstrakt definiert, daß aber diese Definition stets nur innerhalb einer bestimmten Gesellschaft konkretisiert werden könne: *Strenge Strafen entsprechen mehr der despotischen Regierung, deren Prinzip der Schrecken ist. [...] In gemäßigt regierten Staatswesen bedeuten die Vaterlandsliebe, Scham und Furcht vor Schande Hemmungen in den Beweggründen, die sehr wohl Verbrechen verhindern können. Einer schlechten Tat überführt zu werden, wird dort die schwerste Strafe sein.*[196]

Die von Montesquieu empfohlene Gesetzgebung trug eher defensiven Charakter: *Man muß nicht alles verbessern wollen*, überschrieb er das 6. Kapitel im XIX. Buch, worin der *Volksgeist* als ein der Gesetzgebung vorangehendes Phänomen dargestellt wird. Montesquieu war das Gegenteil eines fortschrittsgläubigen, forsch planenden Rationalisten oder gar Dezisionisten. Wichtiger noch als die positiven Gesetze erschienen ihm die in langen Zeiträumen ungeplant entstandenen Sitten und Gebräuche. *Gesetze werden gemacht, Sitten sind ein Geschenk der Natur.*[197] Je kultivierter ein Volk – so mochte Montesquieu gar hoffen – desto mehr sei seine Lebensweise von Sitten und Gebräuchen, desto weniger von den geographischen Faktoren einer-, von der Gesetzgebung andererseits abhängig. Je mächtiger der Fundus an Sitten und Gebräuchen, den ein Volk entwickelt habe, desto geringer sei selbst die reale Machtfülle eines Despoten[198]: *Es ist die Aufgabe des Gesetzgebers, sich dem Volksgeist anzupassen, wenn dieser nicht den Regierungsgrundsätzen widerspricht; denn nichts tun wir so gut wie das, was wir aus freiem Willen und unserer Natur gemäß entsprechend tun.*[199] Da nicht alle moralischen Laster zugleich auch politische seien (und umgekehrt), sollten Sitten nicht durch Gesetze und Strafen, sondern durch Beispiele geändert werden. Übereifrige Gesetzgeber riskierten kontraproduktive Nebenwirkungen: *Zuweilen denkt ein Gesetzgeber, der*

Montesquieus geistiger Widersacher Jean-Jacques Rousseau. Sein «Allgemeinwillen» («volonté générale») meinte anderes als Montesquieus «Volksgeist» («esprit général»). Schabkunstblatt von Martin nach einem Gemälde von Allan Ramsay

ein Übel abstellen will, nur an dessen Beseitigung und hat nur dieses Ziel im Auge, betrachtet aber nicht die Nachteile. Ist dann das Übel beseitigt, dann sieht man nur noch die Härte des Gesetzgebers; es bleibt aber im Staate ein Fehler zurück, den diese Härte hervorgerufen hat: die Gesinnung ist nämlich verdorben, sie hat sich an den Despotismus gewöhnt.[200]

Die geschichtsphilosophische Melancholie Montesquieus scheint gelegentlich mit einem Schuß Optimismus gewürzt: Da innerhalb des *Volksgeistes* sowohl geographische Faktoren als auch Gesetzgebung wirkten, und da die Stärkung eines Faktors eine Minderung der konkurrierenden nach sich ziehe, müsse es möglich sein, durch

Gesetzgebung in Grenzen auch Fortschritte zu erreichen – nicht die Rückkehr zur tugendhaften Republik gewiß, aber Stabilisierungsfortschritte.[201] Montesquieus *esprit général* ist keine platonische Wesenheit, er übersteigt weder Vernunft noch Erfahrung, darf nicht mit dem von Rousseau später postulierten «Allgemeinwillen» («volonté générale») verwechselt werden; vielmehr handelt es sich um ein Ensemble von Faktoren, worin durch kluge Gesetzgebung Pluralität und Ausgewogenheit hergestellt werden können. Montesquieus Sympathie für ein gerüttelt Maß an *Tugend* und seine Konzeption der Religion als Institution zur Tugenderhaltung zeigen, daß es ihm nicht um die *Ehre* an sich ging, sondern um eine Monarchie, die *ihrem Prinzip nach* sich nicht allzusehr von der Republik entfernt. Insofern ist Starobinskis These zuzustimmen, in Montesquieus Augen könne «die wahrhaft reformierende Tat nur eine restaurative Tat sein»[202]. Paradox erscheint diese These allein vor dem Hintergrund der modernen (und vermeintlichen) Selbstverständlichkeit, daß Reform stets «progressiv» sein müsse, nicht aber in der Rückkehr zu schon bekannten Formen bestehen könne. Im Lichte der Dekadenz-Theorie Montesquieus verhält es sich genau andersherum: Das Klima zwar könne durch Gesetzgebung nicht beeinflußt werden, aber die Größe des Territoriums durchaus; Republiken könnten sich zu einem Staatenbund oder Bundesstaatswesen zusammenschließen[203], auf diese Weise ein hohes Maß an *Tugend* wahren und sich gegen den Angriff ehrlüsterner, stets auf Usurpation ausgehender Monarchien wappnen. In diesen Monarchien dagegen müsse es gelingen, den Ehrgeiz anstatt auf kriegerische Unternehmungen auf die waffenlose Konkurrenz in Form des Handels zu lenken.

Der Handel, so der Weinexporteur aus dem Umland der prosperierenden Hafenstadt Bordeaux, beseitige Vorurteile und führe zu Frieden zwischen den Staatswesen, freilich nicht zwangsläufig auch zwischen den Individuen. Diese müßten deshalb in ihrem Geschäftsgebaren gesetzlichen Vorschriften unterworfen werden: Nur im Wettbewerb erhielten die Waren ihren gerechten Preis, aber *die Handelsfreiheit bedeutet nicht das Zugeständnis an die Kaufleute, zu tun, was sie wollen. […] Eine Beschränkung des Kaufmanns muß nicht zugleich eine Beschränkung des Handels sein. Gerade in den Ländern der Freiheit stößt der Kaufmann auf zahllose einengende Vorschriften, und nirgends wird er weniger von Gesetzen behindert als in den Ländern der Knechtschaft.*[204] Soweit die wichtigsten Gedanken zur

Gesetzgebung, wie Montesquieu sie im Rahmen ausführlicher Betrachtungen zu einer universalen Handels- und Finanzgeschichte ausbreitet. Auch das Buch XXIII, mit dem Titel *Von den Gesetzen in ihrer Beziehung zur Einwohnerschaft*, litt unter einer unpräzisen Fragestellung, die Montesquieu dazu verleitete, all das aneinanderzureihen, was ihm zu Arterhaltung, zu Ehe, Familie und Kindern sowie zu allerlei demographischen Phänomenen als mitteilenswert erschien. Das Buch schließt mit einem Plädoyer für staatliche Sozialpolitik. Es zeigt, daß Montesquieu nicht auf der Seite der «Laissez-faire»-Kapitalisten stand, die der Stadt Bordeaux allmählich den Anschluß an die Sklavenhandelsprofite von Nantes und La Rochelle verschafften und mit ihren Stadthäusern die Palais des Zweiten Stands auszustechen begannen. *Bei Handelsvölkern*, so argumentierte Montesquieu im Hinblick auf die von Grund und Boden entwurzelte Stadtbevölkerung, *wo viele Leute nur von ihrer Handfertigkeit leben, muß der Staat die Sorge für Greise, Kranke und Waisen übernehmen. […] Ein paar Almosen, die man einem Bettler auf der Straße reicht, erfüllen die Verpflichtungen des Staates nicht, der allen Bürgern ein sicheres Auskommen, Nahrung, angemessene Kleidung und eine Lebensmöglichkeit schuldet, die der Gesundheit entspricht.*[205]

In den Büchern XXIV und XXV, die von der Religion handeln und das besondere Interesse der staatlichen und kirchlichen Zensur auf sich ziehen mußten, erweist sich Montesquieu als mutiger Mann – wie es sich für einen Stoiker, als den er sich hier zu erkennen gibt, geziemen mochte. Dem stoischen Pantheismus, der Gott nicht als von der Welt geschiedene und sie regierende Schöpfer- und Herrscherperson betrachtete, sondern als eine die Welt gleichmäßig durchwaltende Kraft, wurde im Jahrhundert der Aufklärung im Deismus eine ebenbürtige Konstruktion an die Seite gestellt. Die Übergänge zwischen Pantheismus und Deismus einerseits, Agnostizismus und Atheismus andererseits sind fließend; das war den kritisch-aufklärerischen «philosophes» ebenso klar wie den kirchlichen Inquisitoren. Gegenüber einem nicht-intervenierenden Gott als einer Vernunft-Hypothese konnten die real existierenden Religionen – ebenso wie die von Menschen gemachten Gesetze – als «positiv» betrachtet und entsprechend nach menschlichen Maßstäben der Moral und Zweckmäßigkeit beurteilt werden. Montesquieu behandelte die Religion, wie er betonte, nicht als Theologe, sondern als Gesetzgebungsexperte. Es gehe nicht um letzte Wahrheiten, sondern um die Anwendung religiöser Normen – am richtigen Ort zur richtigen Zeit;

auch könne die Trennung von Staat und Kirche als eine Spielart der stets heilsamen Gewaltenteilung betrachtet werden. Ferner zeigt sich Montesquieu zu einer materialistischen Herleitung von Opferriten aus ökonomischen Umständen in der Lage, ja zu einer materialistischen Erklärung für das Phänomen der Religion generell: So sei *selbst das Elend der Völker ein Grund, sie an die Religion zu binden, die denen, die ihr Elend schufen, zum Vorwand diente*[206]. Nicht vor einem Gott hätten die Menschen Grund zur Furcht – so kann Montesquieus aufklärerische Botschaft verstanden werden –, sondern vor ihresgleichen. Stehe ein Gott im Zentrum der Landesreligion, dann solle das Volk nicht mehr Furcht vor ihm haben als nötig sei, es zur Beachtung elementarer Tugenden zu veranlassen – auch und gerade in einer hauptsächlich von *Ehre* motivierten Gesellschaft.

Nachdrücklich wandte sich Montesquieu gegen die Inquisition. Aber sein Liberalismus, der hier zum Ausdruck kam, kollidierte mit seinem Relativismus und auch Konservatismus, als er es *zum obersten Grundsatz aller Staatsgesetze auf religiösem Gebiet* erklärte, sich der Einführung neuer Religionen entgegenzustellen – nicht zuletzt deshalb, weil man sie hernach tolerieren müsse. Auch ein Wechsel der vorherrschenden Religion wurde von Montesquieu als Verstoß gegen das Gebot der Kontinuität von Religion, Sitten und Gebräuchen abgelehnt. Religionskämpfe waren Montesquieu – wir haben es schon gesehen – ein Greuel. Eine Religion, eine etablierte Kirche, so wurde hier deutlich, galt ihm vor allem als ein sozialtechnisches Instrument; gewaltenteilig arrangiert konnte sie sowohl den Herrschenden nützlich sein (zur transzendentalen Verstärkung ihrer positiven Normen) als auch den Beherrschten (zur transzendentalen Rechtfertigung naturrechtlich begründbaren Aufbegehrens). Die Befriedigung der religiösen Bedürfnisse der Individuen könne (so war zu folgern) prinzipiell von jeder Religion geleistet werden, sofern sie nur mit dem *Volksgeist* in Einklang stehen und maßvoll praktiziert würde.

In seinem eigentlichen Abschlußbuch, dem XXIX., resümierte Montesquieu, er habe das ganze Werk nur zum Beweis einer zentralen Behauptung verfaßt: *Der Geist der Mäßigung muß den Gesetzgeber beherrschen.*[207] Er empfiehlt den Gesetzgebern knappen Stil,

Das monumentale Werk «Vom Geist der Gesetze» hat seinem Verfasser monumentale Größe eingebracht. Zeichnung nach einer Statue des 19. Jahrhunderts

MONTESQUIEU.

einfache Sprache und Eindeutigkeit der Begriffe; all dies bedeute auch Rechtssicherheit: *Der Kardinal Richelieu gestattete, einen Minister vor dem König anzuklagen; aber er verlangte, daß man bestraft würde, wenn die vorgebrachten Tatsachen unerheblich wären; das mußte einen jeden abhalten, gegen ihn selbst eine wahre Behauptung vorzubringen, denn die Erheblichkeit einer Tatsache ist ein sehr relativer Begriff.*[208] Diese sympathischen, wenn auch selbst für damalige Zeiten nicht originellen Ratschläge stehen freilich – schwer auffindbar – mitten in einem Wust von teils gelehrten, teils trivialen, teils abstrusen, oft scheinbar zufällig aufeinanderfolgenden Diskursen und Exkursen. Ebensowenig wie bei den *Perserbriefen* würde das Fehlen mehrerer Kapitel in *Vom Geist der Gesetze* keine auffällige Lücke hinterlassen. Selbst einer interessierten Leserschaft kann das Werk heute nur noch in Auszügen präsentiert werden; Auszüge bedeuten freilich stets ein Stück Bevormundung.

Im 18. Jahrhundert hat die Lektüre in Montesquieus Hauptwerk in ganz anderer Weise beeindruckt. Vielen Zeitgenossen imponierte die Fülle damals neuer, vielleicht oft eher als neu erscheinender, jedenfalls noch nicht verbreiteter Kenntnisse und Einfälle, die sämtliche später so genannten Humanwissenschaften und den gesamten Erdball zu umfassen schienen. «Das beste Buch, das je geschrieben wurde», begeisterte sich Horace Walpole, ein Sohn des einstigen Whig-Premierministers und einer der auffälligsten englischen Intellektuellen seiner Zeit.[209] Madame de Tencin, Montesquieus Freundin, war gewiß voreingenommen, aber ihr Enthusiasmus über ihren «kleinen Römer» war ebenso gewiß nur zum Teil gespielt: Philosophie, Vernunft und Menschlichkeit hätten sich versammelt, um das neue Werk zu verfassen; ihr sei nichts aufgefallen, was man weglassen könne. *Vom Geist der Gesetze* verband eine universale Gelehrsamkeit wahrhaft enzyklopädischen Charakters mit einem Stil, der damals und offenbar noch bis zu Beginn des 20. Jahrhunderts als anregend, ja feuilletonistisch empfunden wurde: Kritiker warfen Montesquieu gar seine «Gascognaden» als Zeichen der Oberflächlichkeit vor. Der in aller Öffentlichkeit geführte Kampf, zu dem sich Montesquieu anschließend gegen Jesuiten und Jansenisten, Vatikan und Sorbonne gezwungen sah, erhöhte den Bekanntheitsgrad dieses Werks und aller seiner anderen Schriften nur noch um so mehr.

Ein Jurist kämpft gegen Vatikan und Sorbonne: Die «Verteidigung des Geistes der Gesetze»

> «Da erschien *Die Verteidigung des Geistes der Gesetze*. Dieses Buch muß als ein Meisterwerk seiner Art betrachtet werden – aufgrund seiner Ausgewogenheit, seiner Treffsicherheit, seines scharfsinnigen Spotts.»
>
> Jean Le Rond d'Alembert[210]

Ein philosophisches Buch hat erst Erfolg, wenn es sich umstritten findet. Dennoch genoß Montesquieu, nicht mehr der Jüngste und von ruhigem Naturell, keineswegs die bald gegen *Vom Geist der Gesetze* heftig geführten Angriffe. Er hatte ein gerüttelt Maß an Lebenszeit und Lebenskraft in das Werk investiert. Seine Nervosität war es wohl vor allem, die ihn zu einer Verteidigungsschrift bewegte; sie gelang ihm freilich so überzeugend, daß d'Alemberts enthusiastisches Urteil, man schulde «dem Herausforderer [...] ewige Dankbarkeit, durch seine Attacke dieses Meisterwerk veranlaßt zu haben», verständlich erscheint.

Den ersten Stein warf im April 1749 das jesuitische «Journal de Trévoux». Montesquieu hatte davon abgesehen, Pater Castel mit einem Exemplar seines Werks zu versorgen. Der war nicht nur persönlich verbittert darüber, sondern sah sich deshalb – wie er angab – auch nicht in der Lage, der Aufforderung des Herausgebers des Journals, Berthier, nachzukommen, und eine Rezension zu verfassen. Das sodann für diese Aufgabe auserkorene Mitglied der Societas Jesu, Joseph Plesse, unterließ es zwar nicht, Montesquieu ein Kompliment für seinen anregenden Stil zu machen, zeigte aber wenig Interesse für die Botschaft des Werks insgesamt und reihte vor allem Textstellen auf, die «direkt oder indirekt die Religion verletzen»[211]. Dazu gehörte Montesquieus Appell, man solle gewiß mit angemessenen Strafen gegen Gotteslästerung vorgehen, damit *die Gottheit geehrt werde*, aber sie nicht zu rächen versuchen: *Wenn die*

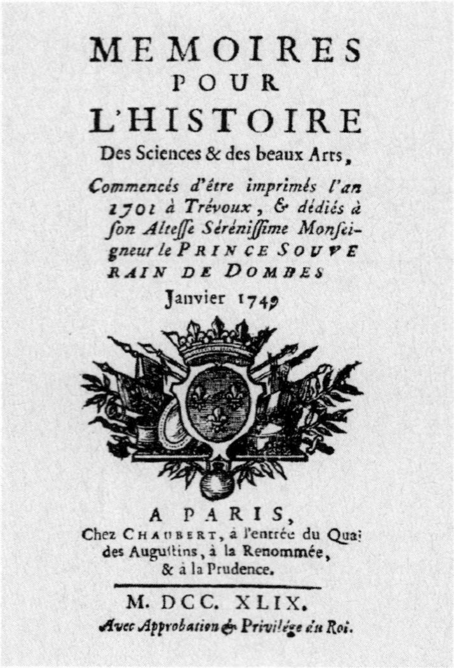
MEMOIRES
POUR
L'HISTOIRE
Des Sciences & des beaux Arts,
Commencés d'être imprimés l'an 1701 à Trévoux, & dédiés à ſon Alteſſe Séréniſſime Monſeigneur le PRINCE SOUVERAIN DE DOMBES
Janvier 1749
A PARIS,
Chez CHAUBERT, à l'entrée du Quai des Auguſtins, à la Renommée, & à la Prudence.
M. DCC. XLIX.
Avec Approbation & Privilége du Roi.

Die jesuitische Zeitschrift «Journal de Trévoux» führte 1749 den ersten Angriff gegen «Vom Geist der Gesetze».

Gesetze der Menschen ein unendliches Wesen rächen müßten, so würden sie sich nach seiner Unendlichkeit und nicht nach den Unwissenheiten und Launen der menschlichen Natur zu richten haben.[212] Wie mit einem solchen Prinzip «all die Strafbefehle der Fürsten und Behörden gegen Gotteslästerer» zu rechtfertigen seien – diese Frage des Jesuiten war in der Tat einer Antwort wert. Ferner bemängelte Plesse Montesquieus Kritik an dem paradoxen Selbstmordverbot in manchen Ländern; seine Überlegung, daß es klimatische und demographische Gründe für die Polygamie geben könne; ferner seine Ansicht, daß religiöse Normen – wie die der Ehelosigkeit – allein die Form von *Lehren*, nicht aber von *Geboten* oder gar *Gesetzen* haben dürften, da sie nicht nur auf das Gute, sondern auf das Vollkommene zielten und deshalb nicht auf die Gesamtheit der Menschen anwendbar seien. Der Jesuit konnte auch kein Verständnis dafür aufbringen, daß Montesquieu den römischen Kaiser Julian Apostata gepriesen hatte, einen Stoiker, unter dessen kurzer Herr-

Jean Le Rond d'Alembert liest und diskutiert im Salon der Madame Geoffrin.

schaft (361–363) das Heidentum zu einer kulturellen Nachblüte gelangt war. Schließlich stieß Montesquieus (bereits erwähnte) Devise auf Protest, ein Staat solle prinzipiell davon absehen, zusätzliche Religionen im Staatswesen zuzulassen: Auf Konstantinopel oder China angewendet, so lautete der Vorwurf, bedeute sie das Scheitern der auf dem Vormarsch befindlichen Christenmission. Montesquieu habe zu viele rein politische Grundsätze aufgestellt, die eine Rücksicht auf die «einzig wahre Religion» vermissen ließen. Plesses Kritik war weder in Auswahl noch Methode angemessen, jedoch nicht unversöhnlich. Die Societas Jesu war Montesquieu freilich nie geheuer: *Wenn ich die Jesuiten in Rom beleidige, so werde ich sie in Paris wiederfinden; sie werden mich ständig umgeben. Ihre Sitte, sich ständig zu schreiben, dehnt ihre Feindschaften aus. Ein Feind der Jesuiten ist wie ein Feind der Inquisition: er findet überall Späher.*[213] Jean-Jacques Rousseau, damals noch Privatsekretär des Generalsteuerpächters Claude Dupin, hat in seinen «Bekenntnissen» überliefert, daß Dupin von Berthier und Plesse Hilfestellung bei der Abfassung eines mehr angriffslustigen denn fundierten Buches erhielt, das Ende 1749 herauskam: «Überlegungen zu ein paar Teilen eines Werks mit dem Titel Vom Geist der Gesetze». Rousseau hatte die

Reinschrift gefertigt. Dupin gab sich als Verfasser nicht zu erkennen, und Sicherheitsgründe konnte er dafür nicht vorbringen. Er unterbrach freilich aus unbekannten Gründen die Drucklegung, und als er 1752 mit einer besser überlegten Version einen zweiten Anlauf unternahm, war die heiße Phase im Kampf um Montesquieus *Vom Geist der Gesetze* schon vorüber.

Der Jansenismus ließ sich Zeit mit seinem Angriff, aber er wurde im Oktober 1749 in geharnischter Form vorgetragen und unter Hinweis auf die Schwächlichkeit der jesuitischen Kritik. Die Jansenisten, unter dem Damoklesschwert der Bulle «Unigenitus» lebend, waren entschlossen, sich von keiner Seite an Rechtgläubigkeit übertreffen zu lassen. Sie steckten voller Ressentiments gegenüber «den Sektierern der natürlichen Religion», die teils ungehindert publizieren durften, während sie ihr wöchentlich erscheinendes Zentralorgan, die «Nouvelles ecclésiastiques», mit Geheimbundmethoden im Untergrund herstellten. Die Bulle habe zur Verweltlichung beigetragen, begann die Attacke eines gewissen Abbé de La Roche gegen Montesquieu; seither hätte sich die Zeit irreligiöser Werke vervielfacht. Montesquieu allzumal sei – von nichts Höherem geleitet als von seiner schwachen Vernunft – «ein Opfer des Wahnsinns», «ein professioneller Gotteslästerer».[214] In den Details stimmte die jansenistische Kritik mit der jesuitischen mehrfach überein. Gelegentlich traf sie ins Schwarze: *Das Volk der Inder*, so hatte sich Montesquieu zur Zeichnung einer Idylle verleiten lassen, sei *sanft, weich und mitleidig*; aber die Witwenverbrennung, so höhnte jetzt de La Roche, sei diese etwa auch eine Frucht jenes *glückseligen Klimas, das die Reinheit der Sitten entstehen läßt und milde Gesetze hervorbringt?*[215] Der Intellekt des Kritikers wurde durch seinen Haß beflügelt: Als durchgängiges Philosophem bei den Stoikern, Pantheisten und Deisten, in Alexander Popes Lehrgedicht «Ein Versuch über den Menschen», bei Spinoza und schließlich in *Vom Geist der Gesetze* identifizierte er den Gedanken einer «Kette», einer kontinuierlichen, notwendigen «Verkettung» von den niedrigsten Wesen bis zu den höchsten: Für einen fordernden und verzeihenden Gott ist in diesem Weltbild in der Tat kein Platz. Und auch die von Montesquieu angebotenen Kompromißformeln, daß Gott, die Philosophen und die Gesetzgeber sich in das irdische Regiment teilen oder daß Bereiche menschlichen Lebens bestimmt werden könnten, die nicht durch göttliche oder religiöse Normen zu regeln seien, waren für de La Roche unakzeptabel.

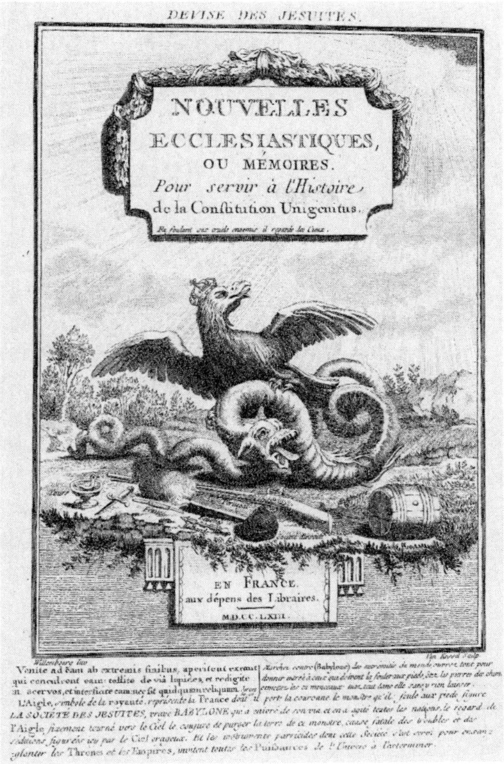

Die Zeitschrift der Jansenisten, «Nouvelles ecclésiastiques», attackierte Montesquieu besonders heftig.

Diese Tirade nahm Montesquieu zum Anlaß einer öffentlichen Antwort. Drei Monate später, Anfang 1750, erschien – angeblich in Genf, tatsächlich in Paris gedruckt – die *Verteidigung des Geistes der Gesetze.*[216] Sie läßt den Grundgedanken seines Hauptwerks in klarerem Licht erscheinen und ist in drei Teile gegliedert. Zunächst trat Montesquieu dem Vorwurf des Atheismus entgegen. Es sei zwar nicht das Ziel seines Werks gewesen, so entgegnete er mit einer förmlichen Verneigung vor der Offenbarungsreligion, den Glauben ans Christentum zu predigen, aber er habe doch stets versucht, die Liebe dazu zu wecken. Er habe keineswegs ein theologisches, sondern ein politisches und vor allem ein juristisches Buch geschrieben. Damit nahm er zwar noch nichts ausdrücklich zurück, relativierte jedoch seine theologischen und damit automatisch auch philosophisch relevanten Aussagen. Der Philosoph hatte sich auf Juristenformat verkleinert; folgte er auf diese Weise seinem Ideal der Mäßigung, oder hatte er sich Angst einjagen lassen? Zwar wandte sich Montesquieu vehement dagegen, mit Bayle, mit Pope (von dem in seinem Werk *Vom Geist der Gesetze* gar nicht die Rede gewesen war) und mit Spinoza in einen Topf geworfen zu werden («Spinozismus» war im 18. Jahrhundert ein Sammelbegriff für all das, was der Kirche als verabscheuungswürdig galt). Vor allem könne er nicht gut des Deismus und des Spinozismus zugleich angeklagt werden, denn es handele sich um gegensätzliche Standpunkte; und sollte dies nicht der Fall sein, so hätte er doch mit beiden nichts im Sinn: Sein System, so Montesquieu, sei nicht das der natürlichen Religion. Doch kam all dies fast einem Widerruf gleich und wurde nur partiell durch die rhetorische Frage kompensiert, ob de La Roche nicht in der Lage sei, die reinen Anhänger der natürlichen Religion von denen zu unterscheiden, *die sowohl die natürliche Religion als auch die der Offenbarung gelten lassen*[217]; er, Montesquieu, sei jedenfalls kein Sektierer der natürlichen Religion, aber er hätte sich gewünscht, daß sein Kritiker ein Verfechter der natürlichen Logik wäre.

Der Philosoph Baruch de Spinoza (1632–1677) galt der Kirche als Inbegriff der Gottesleugnung.

Im mittleren, wichtigsten Teil skizzierte Montesquieu das Vorhaben seines Werks *Vom Geist der Gesetze*: Er habe darin Untersuchungen über die Institutionen der menschlichen Gesellschaften angestellt. Nicht selten vom Standpunkt des Soziologen verteidigte er sich gegen die Vorwürfe, er habe die christliche und die heidnischen Religionen über einen Kamm geschoren, die Polygamie gerechtfertigt, dem Klima höheren Rang zugewiesen als Gott, das Zölibat mißbilligt, die Ehe als Institution betrachtet und nicht als Sakrament gewürdigt und es ferner unterlassen, die von ihm ausführlich behandelten Kreditgeschäfte – entsprechend den alttestamentlichen Zinsverboten – moralisch zu verwerfen.

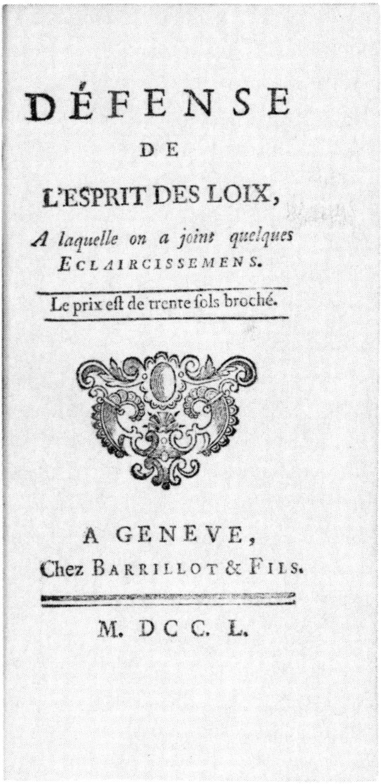

Montesquieus Verteidigungsschrift

Religionen, so erklärt Montesquieu, könnten in einer Untersuchung *über die Gesetze, Gewohnheiten und verschiedenen Gebräuche aller Völker der Erde* nicht fehlen; und habe er nicht das Christentum als eine göttliche Institution, die sich jeder menschlichen Erforschung entziehe, ausdrücklich von den bloß menschlichen Religionen unterschieden, die – selbstverständlich – mehr oder minder unvollkommen ausgefallen seien? Montesquieu operierte mit zwei Versionen des Christentums: zunächst mit einer Version kompletter Vollkommenheit, die mit den defekten Hervorbringungen menschlicher Gesellschaften nicht zu vergleichen sei; sie wurde bei Bedarf den kirchlichen Kritikern vorgehalten. Sodann mit einer irdischen Version, die – zusammen mit all den ihr konkurrierenden Religionen – immer dann gemeint war, wenn von Religionen generell (soziologisch oder juristisch) die Rede ist. Die in diesem Zusammenhang gemachten Aussagen, so hatte Montesquieu nach Art einer salvatorischen Klausel schon in *Vom Geist der Gesetze* eingeräumt, seien *nicht im Hinblick auf höhere Wahrheiten geprüft* worden.[218] Zur Abwehr des Vorwurfs, er habe heidnischen Regierungen implizit den Ratschlag erteilt, dem missionierenden Christentum die Grenzen ihrer Länder zu verschließen, vollführte Montesquieu einen argumentativen Seiltanz und hielt sich mit Hilfe seiner beiden Versionen des Christentums in der Balance. Zunächst war er froh, durch ein Zitat beweisen zu können, daß er der christlichen Religion vor sämtlichen Gesetzen den Vorrang gebe: *Die christliche Religion, welche den Menschen befiehlt, einander zu lieben, will ohne Zweifel, daß jedes Volk die besten [...] Gesetze habe, weil sie, nach ihr selbst, das größte Gut sind, das Menschen gewähren und empfangen können*[219]; dem gemäß konnte er keine Gesetzgebung empfohlen haben, die der Verbreitung dieses Christentums (in der vollkommenen Version) zuwiderliefe. Dann aber ging Montesquieu zum Gegenangriff über: Warum die Hüter der reinen Lehre sich nicht darauf verließen, daß Gott *nach uns unbekannten Ratschlüssen* die Grenzen seiner Religion erweitere oder beschränke? Triumphiere denn das expandierende Christentum nicht *über das Klima, über die daraus resultierenden Gesetze und über deren Urheber*? Nein, er habe weder den König von Kotschinchina noch sonst jemanden zur Abwehr angestiftet, aber dürfe man denn Christus wie einen König betrachten, der einen Nachbarstaat erobern wolle? Nicht er, Montesquieu, sondern seine Kritiker seien es, die das Christentum mit den heidnischen Religionen und den Praktiken der Staaten auf eine Stufe stellten: *Legen wir uns Rechenschaft ab: Sind die Methoden, die wir in den zwischenmenschlichen Beziehungen anwenden, rein genug, sie auf die Christianisierung der Völker anzuwenden?*[220]

Polygamie hatte Montesquieu als Zweckmäßigkeitsfrage bezeichnet: Bestimmte von der Geographie abhängige Lebensbedingungen könnten Polygamie in manchen Ländern als geboten erscheinen lassen. Hier in der *Verteidigung* stellte er klar, daß die moralische Beurteilung der Polygamie auf einem anderen Blatt stehe. Ebenfalls um den Unterschied zwischen Erklärung und Beurteilung (oder, wie es im 20. Jahrhundert dann hieß, um den «Werturteilsstreit») ging es bei der Frage nach dem Einfluß des Klimas auf menschliche Verhaltensweisen. Montesquieu bekräftigte jetzt: *Die Einflüsse des Klimas können bestimmte Gemüts- und Geistesverfassungen hervorrufen; diese Dispositionen können sich auf die Handlungen der Menschen auswirken.* Er versuchte jedoch, diese Theorie als theologisch irrelevant darzustellen: *Gerät dadurch das Reich dessen ins Wanken, der geschaffen, oder das Verdienst dessen, der erlöst hat?*[221] Montesquieu versuchte, frühwissenschaftliche Theorienbildung und Tatsachenforschung aus der normativen Umklammerung durch die Kirche zu befreien. Die Waffe scholastischer Spitzfindigkeiten war ihm von seinen Gegnern aufgedrängt worden. Gewiß war er kein Verfechter der Utopie von der «Wertfreiheit der Wissenschaften»; vielmehr setzte er, wo es ihm erforderlich erschien, deutliche moralische und politische Akzente und tat dies häufig auch ohne Rücksicht auf die «Fakten». Aber seine pluralistische Einstellung und seine Überzeugung, daß es gelte, die Argumente und nicht die Person eines Gegners anzugreifen, kam just in der *Verteidigung* zum Ausdruck. In deren drittem Teil belehrte er darüber, wie Kritik geübt werden sollte: *In den Diskussionen und Unterhaltungen können wir feststellen, wie es Menschen ergeht, deren Geist hart und kleinkariert ist: Weil sie nicht disputieren, um einander zu helfen, sondern um sich gegenseitig niederzumachen, entfernen sie sich vom Kern der Angelegenheit – und dies nicht einmal gemäß ihres mehr oder weniger ausgeprägten Intellekts, sondern entsprechend der Sonderbarkeit und der mehr oder minder großen Unbeweglichkeit ihres Charakters.*[222]

Ernst Forsthoff hat im Nachwort zu der von ihm besorgten Übersetzung des Werks *Vom Geist der Gesetze* 1951 gemeint, die *Verteidigung* (bislang nur einmal, 1848, ins Deutsche übersetzt)[223] sei entbehrlich, nur eine zeitgebundene Polemik, «die zum Verständnis des Werks in unserer Zeit wesentlich Neues nicht beiträgt». Diese Auffassung ist von der üblichen Verengung Montesquieus auf seine Rolle als «Cheftheoretiker der Gewaltenteilung» geprägt. In der *Verteidigung* und in den Texten, auf die darin geantwortet wurde und die darauf folgten, wird deutlich, worüber in der Mitte des 18. Jahrhunderts (noch immer) gestritten wurde.

Die Jesuiten lenkten unmittelbar nach dem Erscheinen der *Verteidigung* ein. Ein nur noch vordergründig kritischer Artikel im «Journal de Trévoux» vom Februar 1750 versuchte zwar, Montesquieu in der Frage, wieviel Wahlberechtigte es im antiken Athen gegeben hatte, Denkfehler nachzuweisen, aber der Verfasser vermied jegliches Reizthema und bezeichnete die Angelegenheit schließlich selbst als Bagatelle.[224] Zwei weitere Artikel in den «Nouvelles ecclésiastiques» vom April/Mai 1750 bezichtigten Montesquieu dagegen, die meisten Vorwürfe unbeantwortet gelassen zu haben, und warfen ihm in verschärfter Form seinen «Spinozismus» vor. In der Tat: Wenn es Spinozas Auffassung gewesen ist, daß Gott zwar Freiheit besitze, diese Freiheit jedoch nicht als Wahlfreiheit aufzufassen sei, sondern als eine Art Selbstbestimmung gemäß der eigenen, inneren Notwendigkeit[225], so befand sich Montesquieu hier ganz in der Nachbarschaft, als er formulierte: *Gott steht zum Weltall als Schöpfer und als Erhalter in Beziehung; die Gesetze, nach denen er geschaffen hat, sind dieselben, nach denen er erhält. Er handelt nach diesen Regeln, weil er sie kennt; er kennt sie, weil er sie gemacht hat, und er hat sie gemacht, weil sie seiner Weisheit und seiner Macht entsprechen.* Beide Auffassungen waren Varianten des Versuchs, den Absolutheitsanspruch, den die Kirche für ihren Gott erhob, zu relativieren, jenen Gott in eine Kette von Ursachen und Wirkungen einzubinden und ihm auf diese Weise die Legitimation dafür zu nehmen, die Menschheit mit dem Vorwurf der Erbsünde zu belasten und ihnen nach allerhöchstem Gutdünken Gnade zuteil werden zu lassen oder auch nicht. Montesquieu war zweifellos einverstanden mit dem Tenor in Spinozas «Theologisch-politischem Traktat» (1670), daß Philosophie – im Gegensatz zur Religion – nicht auf Gehorsam, sondern auf Erkenntnis ziele und nur in politischer Freiheit vollzogen werden könne, die vom Staat zu garantieren sei. Eine freie Diskussion über die unterschiedlichen Begriffe im herrschenden Theismus einerseits, in den oppositionellen Strömungen des Pantheismus und Deismus andererseits war damals nur eingeschränkt möglich. Daß Atheismus nicht zwangsläufig Gottesleugnung und Irreligiosität bedeutet, sondern zunächst nur eine Alternative zum Theismus – gegen diese Differenzierung sträubte sich das kirchliche und staatliche Establishment.

Zur selben Zeit wie die jansenistische Replik auf Montesquieus *Verteidigung* erschien in Marseille eine Entlastungsattacke Voltaires, «Aufrichtige Danksagung an einen barmherzigen Menschen» – eine kleine Flugschrift, worin der führende Kopf der Aufklärungsphilosophen die Partei Montesquieus ergriff, obwohl beider Verhältnis zueinander nicht eben herzlich war: De La Roche habe nur halbe Arbeit geleistet, spottete Voltaire, solange er es nicht schaffe, die Bücher von Pope, Locke, Bayle, Montesquieu und anderen auf den Scheiterhaufen zu bringen; dieser könne dann zweckmäßigerweise mit einem Bündel von «Nouvelles ecclésiastiques» in Brand gesteckt werden.[226] Die inquisitorischen Kampagnen dieser Zeitschrift hörten danach freilich nicht auf. Sie trugen vielmehr dazu

Voltaire ergriff die Partei Montesquieus gegen die klerikalen Anwürfe. Sitzstatue von Jean-Baptiste Pigalle.

bei, daß jetzt führende theologische Institutionen auf den Plan traten, die hinter der offiziell verfemten innerkatholischen Opposition an Strenge nicht zurückstehen wollten. Die alle fünf Jahre zusammentretende Generalversammlung des französischen Klerus beschloß im Mai 1750, angesichts «einer Sturzflut von Gotteslästerung» Zensurmaßnahmen zu ergreifen und den König dafür um Unterstützung zu bitten. Montesquieus Hauptwerk gehörte zu den aufgelisteten Objekten; es war vom Erzbischof von Sens, einem Kollegen Montesquieus in der Académie française, denunziert worden. Freilich gelangten die Kirchenmänner nach einiger Bedenkzeit zu der Auffassung, daß ein Studium aller in Frage kommenden Bücher zu aufwendig sei, und sie entschlossen sich zu einer exemplarischen Maßnahme. Deren Opfer wurde ein Buch, dessen Bedeutung allein in der Forderung lag, der Steuerfreiheit der Kleriker ein Ende zu setzen … Eine ähnliche Aktion wurde im August 1751 von den Theologen der Sorbonne beschlossen. Bezeichnenderweise stellten diese Gralshüter der Orthodoxie ihre vorläufige Schwarze Liste anhand der tendenziösen Buchbesprechungen in den offiziell verpönten «Nouvelles ecclésiastiques» zusammen, und das Jansenistenorgan wußte künftig aus erster Hand vom Fortgang der Beratungen zu berichten: Einer Analyse wurden zwei Übersetzungen von Popes «Versuch über den Menschen» unterzogen, der erste Band von Buffons «Naturgeschichte» und Montesquieus *Vom Geist der Gesetze*. Während die beiden Pope-Übersetzer, aber auch Buffon die inkriminierten Stellen zurückzogen, zeigte sich Montesquieu hartnäckig und hatte kein Verständnis für die Seelenruhe (oder den Opportunismus) von Buffon. Er wandte sich um Unterstützung an den Bischof von Soissons, François de Fitz-James, einen Sohn Berwicks; dieser konnte den Erzbischof von Paris als Vermittler gewinnen, und eine Abordnung der Sorbonne traf sowohl mit dem Kirchenfürsten als auch mit Montesquieu zusammen. Doch dann legte der letztere – sehr zur Empörung der «Nouvelles ecclésiastiques» – eine «philosophische Gleichgültigkeit» an den Tag und reiste im Mai 1751 nach Bordeaux ab, vermutlich in weiser Voraussicht dessen, was dann eintrat: Zwar gab es eine Liste mit Beanstandungen, aber das Zensurvorhaben verfing sich in Haarspaltereien und verlief im Sande – zumindest vorerst.

Viel gefährlicher für Montesquieu war der Umstand, daß sein großes Werk bereits 1749 gegenüber dem Vatikan denunziert worden war, genauer bei der dortigen Index-Kongregation. Sie hatte die Aufgabe, den im 16. Jahrhundert von Papst Paul IV. erstmals herausgegebenen «Index librorum prohibitorum», das «Verzeichnis verbotener Bücher», zu aktualisieren. Dazu nahm sie auch Anregungen des Heiligen Offiziums entgegen, des ranghöchsten unter den Kardinalskollegien und zugleich der höchsten Inquisitionsinstanz. Die Quelle der Denunziation wird erst dann ausfindig gemacht werden können, wenn die Nachfolgeinstitution des Offiziums, die seit 1965 so genannte Kongregation für die Glaubenslehre, bereit ist, ihre Archive zugänglich zu machen. Louis-Jules-Barbon Mancini-Mazarini, Herzog von Nivernais, damals französischer Botschafter im Vatikan, äußerte den Verdacht, die Anzeige sei aus Frankreich gekommen, und ein Forscher hat später auf die Jesuiten getippt. Im Vatikan besaß Montesquieu nicht nur Feinde. Der Herzog von Nivernais verteilte im Frühjahr 1750 ein Dutzend Exemplare der *Verteidigung* an ausgewählte Kardinäle und machte Papst Benedikt XIV. darauf aufmerksam, daß Montesquieu eventuelle Einwände in einer zweiten Auflage des Werks *Vom Geist der Gesetze* berücksichtigen würde – *mit jener Freude*, wie der Philosoph ihm gegenüber versichert hatte, *die das Vergnügen hervorruft, eine gute Sache mit jener Ergebenheit zu unternehmen, die man dem Pontifex maximus schuldet*[227]. (Montesquieu gab sich hier vorsichtiger als gegenüber der Sorbonne.) Der von der Index-Kongregation eingesetzte Berichterstatter, Kardinal Bottari, zählte sogar zu den Bewunderern des Werks *Vom Geist der Gesetze*. Sein Kollege Passionei erwirkte einen Aufschub im Verfahren und leitete dem Herzog von Nivernais Bottaris Gutachten zu, damit er es an Montesquieu weiterreiche – ein nicht alltäglicher Vorgang im Rahmen eines Indizierungsverfahrens. Bottari und Passionei neigten zu jansenistischen Anschauungen, aber dies bedeutete in Italien etwas anderes als in Frankreich, allein die Konkurrenz zu den Jesuiten war eine Konstante. Sollten französische Jesuiten die Denunziation lanciert haben, so wäre dies unter anderem wohl ein Motiv für die Großzügigkeit mancher Würdenträger im Vatikan gewesen. Von Bottari war pflichtgemäß eine Reihe von Einwänden zusammengestellt worden, die bei den Glaubenshütern Anstoß erregt hatten. Nur in einem Punkt wurde mehr verlangt als eine – im Vergleich zum Gesamtgewicht des Werks – geringfügige Abänderung: Die Abschnitte über die Inquisition sollten gestrichen werden. *Das Inquisitionsgericht*, so hatte Montesquieu unumwunden erklärt, *widerspricht jeder sittlichen Ordnung*, wesentlich auch aus dem Grunde, *daß von zwei desselben Verbrechens angeklagten Personen die, welche leugnet, zum Tode verurteilt wird, während die, welche gesteht, der Todesstrafe entgeht.*[228] In einer «Untertänigsten Vorstellung an die Inquisitoren in Spanien und Portugal» hatte er einen fiktiven Verfasser, einen Juden, die logische und moralische Perversität des katholischen Fundamentalismus bloßlegen lassen: *«Wenn ihr grausam gegen uns seid, so seid ihr es noch mehr gegen unsere Kinder; ihr laßt sie verbrennen, weil sie die Ermahnungen derer befolgen, denen sie nach den Naturgesetzen und den Gesetzen aller Völker wie Gott gehorchen sollen.»*[229] Hätten die christlichen Verfolger nicht schon längst die Rolle Diokletians übernommen? Wäre Christus mit Feuer und Schwert gegen diejenigen vorgegangen, die nicht zu seinen Anhängern zählten? *«Wenn in späteren Zeiten einmal jemand wagen wird zu behaupten, in dem Jahrhundert, in dem wir leben, seien die Völker*

Europas gesittet gewesen, so wird man euch anführen, um zu beweisen, daß sie Barbaren waren.»[230] Montesquieu selbst machte von seinem Beitrag zum vorteilhaften Ruf des 18. Jahrhunderts keine Abstriche und ließ sich – entgegen seiner pauschalen Ankündigung – auf keinen Abänderungswunsch konkret ein. Seine Hartnäckigkeit war um so verdienstvoller, als er von echter Besorgnis erfüllt war. Vielleicht war ihm aber auch schon klargeworden, daß – wie ihm der Herzog von Nivernais versicherte – man sein Werk ohnehin aufgrund der vorliegenden Ausgabe beurteilen würde. Am 29. November 1751 beschloß die Index-Kongregation die Verdammung des Werks *Vom Geist der Gesetze*. Es befand sich in der ausgezeichneten Gesellschaft von Samuel Pufendorfs Abhandlung «Von den Pflichten des Menschen und des Bürgers nach dem Naturgesetz», die bereits 1673 erschienen war. Immerhin mochte der kirchliche Repressionsapparat gelegentlich weniger von Fanatismus angetrieben sein als routinemäßig funktionieren: Die Kardinäle, so beschwichtigte der Herzog von Nivernais den erbitterten Montesquieu, seien nicht der Ansicht, ihm ein empfindliches Übel zugefügt zu haben. Der Herzog von Nivernais hatte vom Papst sogar die Zusicherung erhalten, daß dieser das Verdikt nicht gesondert publizieren, also gewissermaßen nur auf Anfrage mitteilen würde. Es scheint in der Folgezeit von Montesquieus Gegnern auch nicht herangezogen worden zu sein. Ebenso wie die staatliche Zensur verfügte die Index-Kongregation über eine abgestufte Palette von Maßnahmen. Ihre genaue Begründung für die Indizierung des Werks *Vom Geist der Gesetze* ist bis heute nicht veröffentlicht worden.

Montesquieus Streit mit der Sorbonne, die unablässig von den «Nouvelles ecclésiastiques» wegen ihrer Säumigkeit attackiert wurde, zog sich noch drei Jahre hin. 1752 nahm der Philosoph noch einmal Stellung zu siebzehn Beanstandungen. Es waren immer dieselben. In drei Fällen sagte er Streichung zu.[231] Doch am 15. Juni 1754 beschlossen die gelehrten Doctores dann im fünften Anlauf die Verurteilung des Werks *Vom Geist der Gesetze*. Ebenso wie die Indizierung durch den Vatikan gelangte aber auch dieses Urteil nicht an die Öffentlichkeit. Damit hatten die beiden kirchlichen Disziplinierungsinstitutionen auf ihre wirksamste Waffe verzichtet: durch eine öffentliche Kampagne breiten Kreisen die Verbreitung und Lektüre des inkriminierten Werks zu verleiden. War das ein Symptom der Dekadenz dieser Institutionen? War eine qualifizierte Minderheit ihrer Mitglieder vom aufgeklärten «Zeitgeist» angekränkelt? Waren

Die Theologische Fakultät von Paris, die Sorbonne, begann ein Untersuchungsverfahren gegen «Vom Geist der Gesetze».

sie klug genug, sich mit Rücksicht auf eine gewandelte, zunehmend auch humanistisch-liberal denkende «öffentliche Meinung» eine gewisse Zurückhaltung aufzuerlegen? Montesquieus großes Werk konnte jedenfalls nicht mehr aus der Welt geschafft werden, und die Kontroversen darüber wurden in ganz Westeuropa geführt und publiziert. Das Französische war die Sprache der kosmopolitischen Gelehrten- und Intellektuellenrepublik des Abendlandes. Bald lagen die ersten Übersetzungen vor. Schon 1749 war Montesquieu im britischen Parlament zitiert worden. Montesquieus Kontrahenten, der Abbé de la Porte, der Dominikaner Daniele Concina oder der Kardinal Giacinto Sigismondo Gerdil legten mit ihren Polemiken zugleich Zeugnis davon ab, daß das Werk *Vom Geist der Gesetze* ernst genommen wurde, und die Zahl seiner engagierten Verteidiger war nicht geringer: Der Bordelaiser Kaufmann François Risteau stellte de la Porte seine «Antwort auf die Beobachtungen über den Geist der Gesetze» entgegen; der Arzt Boulenger de Rivery veröffentlichte eine «Apologie», und der aufklärerische «philosophe» Laurent Angliviel de la Beaumelle fügte – ebenfalls 1751 – eine «Fortsetzung der Verteidigung des Geistes der Gesetze» hinzu.[232] Da diese «Fortsetzung» anonym erschien, die «Nouvelles ecclésiastiques» zu einer wutschnaubenden Replik veranlaßte und vor allem geeignet war, Sorbonne und Vatikan noch mehr in Harnisch zu bringen, sah sich

Montesquieu sogar genötigt, öffentlich darauf hinzuweisen, daß er nicht der Verfasser war. Die Übersicht über Für und Wider zu behalten, war bereits den Zeitgenossen schwierig. 1752 erschien deshalb ein Sammelband zur Dokumentation der Kontroverse (worin die Montesquieu wohlgesonnenen Texte überwogen); der anti-aufklärerische Publizist Elie-Catherine Fréron, zusammen mit de la Porte Herausgeber der Zeitschrift «Briefe über zeitgenössische Schriften», stellte 1753 eine Bibliographie zusammen; und um einer breiteren Leserschaft die (im Lichte der Kontroverse) wichtigsten Stellen des monumentalen Werks *Vom Geist der Gesetze* zu präsentieren, wurde schon bald eine Anthologie auf den Markt gebracht.[233]

Montesquieu war jetzt beinahe eine Institution. Nachdem Madame de Tencin 1749 gestorben war, genossen die Salons der rivalisierenden Damen Geoffrin und du Deffand die Ehre und das Vergnügen seiner Anwesenheit. Der Salon von Madame du Deffand, der er in herzlicher Freundschaft zugetan war, befand sich im Kloster Saint-Joseph, unweit seines Domizils in der Rue Saint-Dominique. Zahlreiche Reisende, vor allem aus England, legten Wert darauf, seine Bekanntschaft zu machen. Wer Briefe von ihm erhielt, begann jetzt, sie aufzubewahren. Als Stanislaus Lesczynski ihm 1751 einen Platz in der neugegründeten Akademie von Nancy gewährte, schrieb Montesquieu zum Dank die rührselige Kurzgeschichte *Lysimachos*[234]. Er versuchte zu vermitteln, als Ludwig XV. das Pariser Parlament 1753 für ein halbes Jahr aus der Stadt vertrieb, weil es offen gegen die «Konstitution» Unigenitus Front gemacht hatte. Er schrieb ein an den König gerichtetes *Memorandum über die Konstitution*, das wohl auf einen Entwurf aus dem Jahre 1717 zurückging und worin er die Unterscheidung traf, daß es bekanntermaßen zwar keine *interne (inhaltliche) Toleranz* in der katholischen Kirche gebe, der Staat aber verpflichtet sei, eine *äußerliche (formale) Toleranz* zwischen den Religionen und Sekten zu gewährleisten.[235] In einem Brief an den nach Bourges verbannten Parlamentspräsidenten Duron de Meinières warnte Montesquieu andererseits das Parlament davor, seine Kompetenzen als dritte politische Kraft, als kontrollierende «Judikative» zu überschreiten – und das zu allem Überfluß noch zugunsten des jansenistischen Klerus –, weil es damit sowohl die Vernachlässigung seiner Aufgaben als Gericht als auch seine politische Ausschaltung riskiere.[236] Aus beiden Demarchen klang gleichermaßen Montesquieus Wunsch hervor, politische und kirchliche Angelegenheiten voneinander getrennt zu sehen.

Für Madame du Deffand und die Gäste ihres Salons war Montesquieu unumstritten. Kupferstich von Geoffroy nach G. Staal

Im selben Jahr 1753 ließ sich Montesquieu dazu bewegen, dem Schweizer Künstler Jacques-Antoine Dassier Porträt zu sitzen für eine Medaille, die dann den meisten Bildnissen als Vorlage diente. Zum Direktor der Académie française gewählt, setzte sich Montesquieu für die Aufnahme d'Alemberts ein, die freilich erst 1754 erfolgte. Der Dichter Alexis Piron, der seinen Ruf bereits 1718 durch eine obszöne «Ode an Priapos» ruiniert hatte und dem deswegen jetzt auf Intervention des Königs ein Sitz in der Académie française verwehrt wurde, durfte sich für eine ihm entschädigungshalber gewährte Pension von 1000 Pfund formell bei der Marquise de Pompadour bedanken, eigentlich aber bei Montesquieu, der sich gegenüber der mächtigen Mätresse des Königs für Piron eingesetzt hatte. Auch der übereifrige Aufklärer La Beaumelle, der einige Monate des Jahres 1753 in der Bastille verbringen mußte, weil er in einer für ihn wenig rühmlichen Weise Attacken auf Voltaire mit solchen gegen den Herzog von Orléans und die Pompadour verquickt hatte[237], konnte sich auf die Unterstützung seines ebenso renommierten wie geduldigen Vorbilds verlassen.

Ende 1754 begann Montesquieu, jetzt fast 65 Jahre alt, mit den Vorbereitungen für seinen endgültigen Rückzug aus der französischen Hauptstadt. Eine Grippeepidemie erfaßte ihn jedoch in den letzten Januartagen 1755, und er erlag der Krankheit binnen zweier Wochen. Sein Haus war stets voller Freunde, allen voran Anne-Charlotte, Herzogin von Aiguillon, und Marie-Marthe Dupré de Saint-Maur, die ihn Tag und Nacht betreuten. Ludwig XV. demonstrierte seinen Respekt, indem er den Herzog von Nivernais schickte, sich nach dem Zustand des Philosophen zu erkundigen. Die Jesuiten und der Papst aber versuchten, gegenüber dem Sterbenden einen letzten Sieg davonzutragen. Pater Castel, nach dem Montesquieu verlangt hatte, brachte einen Ordensbruder mit, Bernard Routh. Dieser hatte den Auftrag, Montesquieu zu den gängigen Zeremonien zu veranlassen (Beichte, Entgegennahme der Sakramente), die auch ein Deist oder gar Skeptiker ebenso wie eine kirchliche Trauung mit heiterer Gleichgültigkeit über sich ergehen lassen konnte, insbesondere mit Rücksicht auf Nonnen und Priester unter seinen Familienmitgliedern. Doch damit nicht genug: Routh trachtete danach, dem fiebernden Montesquieu, der nur für Momente bei klarem Bewußtsein war, Bekenntnisse und Widerrufe zu entlocken und sogar Manuskripte zu entwenden. Im Haus in der Rue Saint-Dominique, so hat Shackleton wohl nicht übertrieben, «wurde eine berühmte Schlacht im Krieg zwischen der Kirche und den Aufklärungsphilosophen geschlagen». Montesquieu, so beeilte sich Routh hernach auf Anfrage des Papstes zu berichten, habe beteuert, immer ein gläubiger, wenn auch zuweilen von Zweifeln geplagter Mensch gewesen zu sein, den Mysterien der katholischen Kirche keinerlei Vorbehalt mehr entgegenzubringen, seine Irrtümer zu widerrufen, im Fall seiner Genesung seine Werke gemäß den Wünschen der Kirche zu überarbeiten und darüber hinaus damit einverstanden zu sein, daß all dies, was unter vier Augen angeblich gesagt worden war, der Öffentlichkeit mitgeteilt werden könne. Der Papst, so verlautete dann, habe Rouths Rapport mit großer Bewegung gelesen und befohlen, ihn allen Gesandten des Vatikans zuzustellen. Später wurde der Bericht zu einem Werkzeug der Gegenaufklärung und fand Eingang in Louis-Mayeul Chaudons «Anti-aufklärerisches Wörterbuch»[238].

Am 10. Februar 1755 starb Montesquieu. Er hatte dem Staat gegeben, was des Staates war, und den Gebräuchen der Staatskirche seine Reverenz erwiesen. Das was nicht nur der Jesuit Routh, sondern alle sahen, Montesquieus Entgegennahme der Kommunion durch den Pfarrer von Saint-Sulpice, widersprach seiner Vorliebe für die natürliche Religion in keiner Weise. *Wer die Offenbarungsreligion angreift*, hatte er 1751 an den Bischof von Gloucester geschrieben, dem er eine Pope-Ausgabe verdankte, *greift nur die Offenbarungsreligion an; doch wer die Naturreligion attackiert, bekämpft alle Religionen der Welt.* Die Naturreligion sei *von der Natur des Menschen abgeleitet [...] sowie vom inneren Gefühl des Menschen*, und darüber ließe sich nicht streiten.[239] Constant machte siebzig Jahre später dieses natürliche religiöse Gefühl als eine anthropologische Konstante zur Grundlage seines fünfbändigen Werks über die Religion. Montesquieus Biographie ist – wie die Lebensbilder so vieler anderer Philosophen – ein Zeugnis dafür, daß die Geschichte der Philosophie stets auch die Geschichte eines Kampfes freier Geister gegen die Vernunftwidrigkeit und vor allem die Unduldsamkeit der Kirchen gewesen ist.

Liberalismus und Konservatismus: Der Enzyklopädist Montesquieu und die Eliten-Revolte

> «So ist es wahrscheinlich historisch gesehen falsch, [...] den Liberalismus Montesquieus der demokratischen Lehre Rousseaus entgegenzustellen. Die Denkbemühungen des Jahrhunderts treffen sich samt und sonders in der Kritik an Kirche und Willkürherrschaft und in dem Streben nach Toleranz, Freiheit, Gleichheit und Menschenrechten. So haben die meisten der Männer, die im Frühjahr 1789 der öffentlichen Meinung die Richtung weisen, keine Auswahl unter ihren Lehrmeistern getroffen.»
>
> François Furet, Denis Richet[240]

Nur wenige gaben Montesquieu das letzte Geleit zur Kirche Saint-Sulpice. Auch von den Aufklärungsphilosophen nahm nur Diderot an der Beerdigung in der Kapelle Sainte-Geneviève teil, aber dennoch lebt Montesquieu in den Augen der Nachwelt als ein Philosoph der Aufklärung fort – und dies zu Recht. Seinen Usbek hatte er drei Jahrzehnte zuvor sinnieren lassen: *Ich würde die prunkvollen Begräbnisse abschaffen, man muß die Menschen bei der Geburt, aber nicht bei ihrem Tod beweinen*[241] – ein melancholischer und zugleich aufgeklärter, darüber hinaus existenzphilosophischer Gedanke. Montesquieu, der die tiefgründigen Gespräche im kleineren Kreise liebte, vermochte sich viele persönliche Sympathien zu erwerben, aber er gehörte nicht zu jenen historischen Gestalten, die sich durch die direkte Konfrontation mit den Machthabern profiliert, Gefolgschaft gebildet, Parolen ausgegeben, gar Massen bewegt haben. Er hegte auch niemals diese Absicht. Die von seiner Schüchternheit, dieser *Geißel meines Lebens*, hervorgerufenen Hemmungen überfielen ihn weniger *in Gegenwart kluger als dummer Menschen.*[242] Nach den *Perserbriefen* nahm Montesquieu von den zeitgenössischen Ereignissen Abstand, der einerseits seinen Blick für die großen Ordnungen des gesellschaftlichen Zusammenlebens der Menschen schärfen mochte, andererseits aber eine direkte Wirksamkeit seiner Appelle und Rezepte nahezu unmöglich machte. Wie freilich die Mehrzahl der Aufklärer hatte er seine Hoffnung nicht auf die Republik oder gar die in Entstehung begriffenen Massen der städtischen Bevölkerung gesetzt (allenfalls auf eine Föderation von Republiken), sondern auf einen aufgeklärten Monarchen – aufgeklärt wie Friedrich II., wenn auch weniger martialisch: Der *Träger der Vollziehung*, so hatte Montesquieu erklärt, dürfe nicht über ein stehendes Heer verfügen, *dessen Soldaten einen der übelsten Teile der Nation darstellen.*[243]

Wenn man will, kann Montesquieu der «Frühaufklärung» zugerechnet werden, deren wohl erster Protagonist, Fontenelle (1657–1757) ihn noch knapp überlebte. Voltaire (1694–1778), der einen «Kommentar über den Geist der Gesetze» verfaßte[244], war nur fünf Jahre jünger als Montesquieu, gelangte auf den Höhepunkt seines Schaffens aber zusammen mit den wichtigsten Enzyklopädisten, mit Diderot (1717–1783) und d'Alembert (1717–1783), mit Buffon (1707–1788) und Rousseau (1712–1794), mit Montesquieus kritischem Freund Helvétius (1715–1771)[245] und mit Condillac (1715–1780). Gegen Ende seines Lebens gehörte Montesquieu zur aufgeklärten «Fraktion» in der Académie française – einem Kreis individualistischer, aber nicht zuletzt aufgrund der wechselnden kirchlichen und staatlichen Anfeindungen von einem gewissen Zusammengehörigkeitsgefühl beseelter Männer, unter ihnen Fontenelle, Mirabaud, Maupertuis, Voltaire, Buffon und d'Alembert. Maupertuis hielt 1755 in der Berliner Akademie seine «Lobrede auf Montesquieu» – eine ungewöhnliche Ehre für ein außerordentliches Mitglied.

Die Philosophen der Aufklärungszeit waren sich in ihrer Kritik am Bestehenden weitgehend einig, nicht dagegen in ihren jeweiligen, teilweise konkurrierenden Gegenentwürfen. Rousseau, dessen 1754 entstandenes, 1762 veröffentlichtes Werk «Vom Gesellschaftsvertrag» sich wie ein Kommentar zu Montesquieu lesen läßt, lehnte Gewaltenteilung unter der Kapitelüberschrift «Die Staatsgewalt ist unteilbar» spöttisch als einen Taschenspielertrick ab: Von japanischen Gauklern erzähle man sich, sie würfen ein Kind vor den Augen der Zuschauer zerstückelt in die Luft und es fiele heil und lebendig wieder herab.[246] Die «Spätaufklärer», Zeitgenossen und teilweise Opfer der Großen Revolution, wie der Philosoph Condorcet (1743–1794), der Publizist Marat (1744–1793) oder der Philosoph

Der spätere Revolutionär Marat schrieb 1785 eine «Lobrede auf Montesquieu».

Destutt de Tracy (1754–1836, Schüler Condillacs und einer der wenigen Adligen neben Montesquieu), beurteilten den Baron von La Brède in unterschiedlicher Weise.[247] Marat, der sich 1785 an einem Preisausschreiben der Akademie von Bordeaux beteiligte, die zu Beiträgen unter dem Titel «Eloge de Montesquieu» eingeladen hatte, hob neben den Lobpreisungen, die das Genre verlangte, auch hervor, daß Montesquieu zur kleinen Zahl jener durch Herkunft und Vermögen begünstigten Schriftsteller gehörte, die nicht darauf angewiesen waren, den Großteil ihrer Energie als Schreiber oder Kopisten für eher mechanische Arbeiten zu verschwenden. Moderat vorgetragene Vernunftwahrheiten wie die Montesquieus könnten allmählich zutage treten, räumte Marat mit wohlgesetzten Worten ein, aber eine baldige Revolution sei allein durch kühnere und mit mehr Verve propagierte Thesen herbeizuführen.[248]

Auf zweierlei Weise hat Montesquieu gewirkt: als Anreger der französischen Soziologie des 19. Jahrhunderts (Auguste Comte und Emile Durkheim haben diese Verbindung ausdrücklich hergestellt)[249] und als verfassungspolitischer Denker. Mochte sich der zuletzt genannte Einfluß auch auf wenige zentrale Ratschläge beschränken, so war er ohne das Gewicht des gesamten Werks *Vom Geist der Gesetze* doch aber nicht denkbar. In der *Verteidigung* und dem auffälligen publizistischen Streit der Jahre 1749 bis 1754 spielten Gewaltenteilung, intermediäre Gewalten und Föderalismus noch nicht die geringste Rolle. Es waren Montesquieus Persönlichkeit und sein großzügig angelegtes Gedankengebäude als Ganzes, die ihm zunächst zu der Einladung verhalfen, sich an der berühmten «Enzyklopädie» zu beteiligen, und ihn dann auch als Politikphilosophen empfahlen. D'Alembert lobte in seiner Vorrede zum Ersten Band der «Enzyklopädie» 1751 als ein repräsentatives Werk der Aufklärung auch Montesquieus Hauptwerk; es sei «von ein paar Franzosen verunglimpft, von der Nation begrüßt und von ganz Europa bewundert worden»[250]. Dennoch verwarf Montesquieu die Idee seines jüngeren Freundes, für die «Enzyklopädie» die Artikel über Demokratie und Despotismus zu verfassen – angeblich weil ihm dazu nach Abschluß seines Hauptwerks nichts Neues mehr einfiele. Statt dessen schlug er 1753 vor, das Stichwort «Schönheitsempfinden» («Goût») zu übernehmen; einen früher begonnenen Aufsatz darüber entwickelte er jetzt fort, ohne ihn freilich bis zu seinem Tod abschließen zu können. Der Artikel «Goût» wurde dann von Voltaire verfaßt und 1757 im Siebenten Band der «Enzyklopädie» veröffentlicht; aber auf Veranlassung d'Alemberts wurde «das Fragment über den Schönheitssinn, das der Präsident von Montesquieu der Enzyklopädie zugedacht hat», dem Beitrag Voltaires angefügt. Dieser Abriß einer Ästhetik ging von dem für die Aufklärungsphilosophie typischen Sensualismus aus, wie er hier von Locke begründet und von Condillac auf die Spitze getrieben wurde: von einer psychologischen Theorie, die unseren Sinnesorganen den zentralen Platz zwischen den uns äußerlichen Objekten der Erkenntnis oder Schönheitswahrnehmung sowie der entsprechenden Urteilskraft in uns zuweist. Der *Versuch über das Schönheitsempfinden gegenüber natürlichen und künstlerischen Objekten* war deshalb zunächst materialistisch orientiert: Wären unsere Sinnesorgane anders gebaut, vermutete Montesquieu, empfänden wir anders.[251] Allerdings, so ging er über diesen rein biologischen Standpunkt hinaus, weise unser Schönheitsempfinden auch eine erworbene Seite auf: Die Menschen könnten ihren Geschmack bis zu einem gewissen Grade bilden. Am Anfang der Schönheitsempfindung jedenfalls, beharrte Montesquieu in einer Weise, die zumindest zu der vulgarisierten Variante des aufklärerischen Rationalismus in Gegensatz stand und ihn eher mit den späteren Romantikern verband, befinde sich immer eine Intuition, ein undefinierbares, irrationales Gefühl des «Ich-weiß-nicht-recht», eine Überraschung. Auf solche Überraschungen seien die Menschen stets aufs neue aus, verwandte Montesquieu ein ihm liebgewordenes Bild, *denn wie alle Dinge Glieder einer Kette sind und jede Idee eine andere im Gefolge hat, und ihrerseits die Folge einer anderen Idee ist, so kann man ein Ding nicht mit Wohlgefallen betrachten, ohne noch andere Dinge sehen zu wollen*[252].

Im fünften Band der «Enzyklopädie» hatte d'Alembert bereits 1755 seine «Eloge» auf Montesquieu plaziert, worin buchstäblich nur Lobenswertes berichtet wurde. Eine «Analyse des Geistes der Gesetze» schloß sich an.[253] So gehörte Montesquieu aufgrund seiner Zurückhaltung nicht zum engeren Kreis der Enzyklopädisten, zählte aber doch – dank der Bemühungen d'Alemberts – zu den Mitautoren des epochalen Werks und wurde darin – durch die Darstellung seines Lebens und seines Werkes in der «Eloge», einer Art ihm gewidmeten Stichwortartikels – als geistige Autorität hervorgehoben.

So manches unterschied Montesquieu vom Hauptstrom der Aufklärung (der allerdings wesentlich auch ein historisches Konstrukt darstellt). Stärker als der Gedanke des Fortschritts bestimmt der Topos der Dekadenz sein Werk, stärker als die Universalität naturrechtlicher Normen hat Montesquieu die Pluralität und Relativität der Gesellschaften und *Volksgeister* hervorgehoben. Die Leistungen der menschlichen Ratio beurteilte er skeptisch. Freiheit und Gleichheit als revolutionäre Maximen konnten aus *Vom Geist der Gesetze* nicht hergeleitet werden.

Montesquieus Ziel war weniger die Rechtsgleichheit der Individuen als das Machtgleichgewicht zwischen den sozialökonomisch ungleichen Ständen im Rahmen der aristokratisch gestützten und zugleich auch kontrollierten Monarchie: *Zu allen Zeiten gab es im Staat[swesen] Leute, die durch Geburt, Reichtum oder Ehrenstellungen ausgezeichnet sind. Würden sie mit der Masse des Volkes vermischt […], so würde die gemeine Freiheit ihnen Sklaverei bedeuten.*[254] Nicht die Freiheit «der Alten», die Freiheit zu kollektiver politischer Partizipation in der «attischen Demokratie» der griechischen Antike und in dem von ihm skizzierten Demokratiemodell, sah Montesquieu als hauptsächlich erstrebenswert an, sondern die Freiheit «der Modernen», die individuelle, wenn auch ungleich verteilte Unabhängigkeit im Rahmen eines Rechtsstaatswesens, das für ihn zugleich eine Monarchie sein sollte. Die politisch-philosophi-

In der «Enzyklopädie» war Montesquieu mit einem Artikel über den Schönheitssinn vertreten. Frontispiz des Ersten Bandes

sche Version der ursprünglich literarischen «Querelle des Anciens et des Modernes» wies ihre eigenen Frontlinien auf. Benjamin Constant hat 1819 in zeitloser Form die Freiheit der «Alten» von der der «Heutigen» unterschieden. Die Verfechter der Volkssouveränität finden sich hier eher den «Alten» zugerechnet.[255] Auch als Mann von «Maß und Mitte»[256] hätte Montesquieu der Französischen Revolution, die häufig als Höhepunkt und Abschluß der Aufklärungszeit betrachtet wird, wohl schwerlich eine gute Seite abgewinnen können.

Zwar hat Montesquieu vor dem Abgleiten der Monarchie in die Despotie gewarnt, aber aus ihr keinen Weg zurück gewiesen. Mit der *Revolution*, der ein Despot durch Verbreitung von Angst und Schrecken vorzubeugen gezwungen sei[257], war wohl eher ein Putsch gemeint. Auf sein Modell der Demokratie war die Bemerkung bezogen, daß eine Revolution *nur unter unsäglichen Mühen* erfolgreich sein könne. Aber mit dieser Revolution war eigentlich eine Restauration gemeint: *Die alten Gesetze sind [...] in der Regel Verbesserungen und die neuen Mißbräuche; denn im Laufe einer langen Regierung gleitet man in der Regel wie auf einer schiefen Ebene allmählich herab, und nur mit Anstrengung steigt man wieder zum Guten empor.*[258] Wenn die Restauration der Monarchien Montesquieu wenig aussichtsreich erschien, so glaubte er um so mehr an die Möglichkeit ihrer Stabilisierung. *Während die Geschichte der despotischen Staaten von Revolutionen ohne Bürgerkriege voll* sei, fänden in den Monarchien zwar viele Bürgerkriege, aber wenige Revolutionen statt. Hier sorgten die Zwischengewalten dafür, daß Volksaufstände unterblieben, und ebenso dafür, daß der Fürst nicht gestürzt, sondern auf den Weg einer angemessenen Regierung zurückgeführt werde: *Der Fürst verläßt sich auf diese Stände, und die Aufrührer, die weder den Willen noch die Hoffnung haben, eine Staatsumwälzung herbeizuführen, können und wollen auch nicht den Fürsten stürzen.*[259] Diese Konzeption war so recht geeignet für politische Akteure, die Fehlentwicklungen – äußerstenfalls durch eine Revolte – rückgängig machen oder nach einem einschneidenden, grundstürzenden Ereignis – einer Revolution im modernen Sinn, einem Krieg – zu Stabilität und Kontinuität zurückkehren wollten, also eine Restauration anstrebten. «Restauration» bezeichnet den Vorgang, daß, nachdem ein gesellschaftlicher Zustand A durch einen Zustand B ersetzt worden ist, B seinerseits durch einen A ähnlichen Zustand C abgelöst wird, weil B in den Augen der Handelnden eine Verschlechterung gegenüber A bedeutete.[260]

Die Rezeption des Gewaltenteilungsexperten Montesquieu während der amerikanischen Revolution und in der ersten Phase der Französischen Revolution läßt sich auf zwei Ursachen zurückführen: Der Enzyklopädist galt als ebenso aufrichtiger wie überlegter Kämpfer gegen staatlichen Despotismus und kirchliche Unduldsamkeit, und die Teilung der Staatsgewalt (mit oder ohne

Zuhilfenahme der in der Gesellschaft vorfindlichen sozialen Ungleichheiten) galt als ein probates Mittel gegen den Absolutismus, welches sich bei Montesquieu in besonderer Ausführlichkeit beschrieben fand. Ferner hatte sich der Eindruck verbreitet, daß die den Revolutionen vorausgegangenen, gegen den König, aber nicht gegen die Monarchie gerichteten Revolten der amerikanischen Siedlerelite und der französischen Parlamente ganz in Einklang mit seiner Philosophie standen, die einem Abgleiten in den Despotismus die Rückkehr zum guten alten Recht entgegenstellte.

Die amerikanische Siedlerelite wehrte sich gegen eine verschärfte Besteuerung durch das Londoner Parlament, worin sie nicht vertreten war, sowie gegen allerlei tatsächliche oder vermeintliche Übergriffe König Georgs III. von England. Als der erste Kontinentalkongreß in Philadelphia 1774 die seit 1763 der britischen Krone unterstehenden Siedler des vormaligen Neufrankreich zur Teilnahme am zweiten Kongreß im Mai 1775 einlud, tat er dies unter zitatenreicher Berufung auf den «unsterblichen Montesquieu», der den erhofften Mitstreitern als ihr «Landsmann» angepriesen wurde. In *Vom Geist der Gesetze* hatte Montesquieu über England geschrieben: *Wenn dieses Volk in der Ferne Kolonien gründet, so geschieht das mehr, um seinen Handel als um seine Herrschaft auszudehnen. Da man es liebt, draußen alles so einzurichten, wie es daheim eingerichtet ist, so wird es den Völkern seiner Kolonien seine eigene Regierungsform bringen. Und da diese Regierung den Wohlstand mit sich führt, so wird man selbst in den Wäldern, die sie besiedeln ließ, große Völker entstehen sehen.*[261] Dieses Bild wurde in der Kongreß-Adresse an die Siedler in Kanada für bare Münze genommen und mit den seit 1763 ergriffenen Willkürmaßnahmen kontrastiert, die das «Mutterland» angeordnet habe. Eine Anzeige in der «Pennsylvania-Gazette», die kurz darauf zur Subskription für eine amerikanische Ausgabe des Werks *Vom Geist der Gesetze* aufrief, blieb zwar folgenlos, aber wohl vor allem deshalb, weil die Versorgung mit der in England gedruckten Ausgabe vollkommen ausreichte. Diese hatte 1773 ihre zehnte Auflage erreicht. Im Amerika der zweiten Hälfte des 18. Jahrhunderts, so hat Robert Palmer festgestellt, «war kein anderes modernes französisches Buch so verbreitet»[262]. Außerdem kursierte ein auf die England-Kapitel beschränkter Auszug.

Nachdem der Kongreß der in Aufruhr befindlichen britischen Kolonien in Amerika Anfang 1776 – noch vor der Unabhängigkeitserklärung – empfohlen hatte, die dreizehn Gemeinwesen sollten ihre Selbständigkeit u.a. durch eigene Verfassungen vorantreiben, wurde in Virginia ein Anfang mit der Verkündung einer «Bill of Rights» gemacht (1689 hatten Wilhelm von Oranien und seine Gemahlin Maria in einer «Bill of Rights» dem englischen Volk seine «alten, wahren und unbezweifelbaren Rechte» bestätigt). Die «Virginia Bill of Rights», von «unten» nach «oben» adressiert, enthielt neben naturrechtlichen Maximen und einer Aufzählung individueller Rechte auch ein Bekenntnis zur Gewaltenteilung: Die gesetzgebende und die ausführende Gewalt sollten getrennt und eigenständig («separate and distinct») von der Rechtsprechung sein. Die Verfassung Virginias schied bald darauf gesetzgebende, ausführende und rechtsprechende Organe; keine Person sollte mehr als eine dieser Gewalten zugleich ausüben. In der amerikanischen Bundesverfassung von 1789 gelangte das Gewaltenteilungsprinzip deutlich zur Anwendung. Freilich bezogen Legislative (Repräsentantenhaus und Senat), Exekutive (Präsident) und Judikative (Oberster Gerichtshof) ihre Legitimation zwar je einzeln, aber allesamt aus ein und derselben Quelle – dem Volk. Daran hatte der Aristokrat Montesquieu nun in keiner Weise gedacht. Aber nachdem die maßgeblich von Thomas Jefferson aus Virginia formulierte amerikanische Unabhängigkeitserklärung deutlich dem Werk John Lockes verpflichtet gewesen war, zitierten die amerikanischen Verfassungsväter in ihren Debatten und Schriften «den berühmten Montesquieu» nicht weniger als Locke und Jean-Jacques Burlamaqui.[263] Dies geschah unter anderem auch, weil Montesquieu mit der Konzeption eines Bundesstaates die Möglichkeit aufgewiesen hatte, sogar ein großflächiges Staatswesen als Republik auszugestalten.[264] Das hatten die amerikanischen Politiker vor. Die Unterstützung, die den Amerikanern in ihrem Unabhängigkeitskrieg (1775–1783) seitens der Franzosen zuteil wurde (unter anderem durch eine vom Marquis de La Fayette auf eigene Kosten ausgerüsteten Freiwilligentruppe), ferner der Umstand, daß der Amerikanische Unabhängigkeitskrieg mit einem Friedensschluß in Versailles beendet wurde, erleichterte die Rezeption französischer Autoren in Amerika noch zusätzlich. Gewiß waren die Montesquieu in besonderer Weise gewogenen Verfasser der «Federalist-Papers», die liberalkonservativen Verfassungsväter Alexander Hamilton, John Jay und vor allem James Madison, nicht von Ratlosigkeit über die künftige Grundordnung des neuen Staatswesens befallen. Aber das renommierte Werk *Vom Geist der Gesetze* bot sich ihnen als autoritatives Rezeptbuch, als «Orakel» an, weil ihre Interessen und Pläne – entwickelt in Auseinandersetzung mit dem britischen «Mutterland» – häufig Verwandtschaft zu den Idealen des anglophilen Barons aufwiesen. Kein politisches Prinzip, so hat der Soziologe James Bryce, ein Nestor der britischen Amerikakunde, festgestellt, sei von solchem Einfluß auf die amerikanischen Politiker gewesen wie das der Gewaltenteilung.[265] Montesquieus Erfolg in Amerika verstärkte dann – gewissermaßen im Zuge einer intellektuellen Wiedereinfuhr – seine Resonanz in Frankreich.

In Frankreich war die Elite des Amtsadels in der zweiten Jahrhunderthälfte keineswegs im Niedergang begriffen, sondern trug einen «breiten Gegenangriff» gegen den absoluten Herrscher und das Bürgertum vor[266]: Gleichzeitig und nicht ohne Erfolg suchte sie einerseits ihre Abschließung gegenüber dem Bürgertum zu verstärken und sämtliche öffentlichen Ämter dem Erwerb durch Adlige vorzubehalten; andererseits – vor allem in den Parlamenten – als Vertreter der Interessen des gesamten Volkes aufzutreten. Daß die Existenz von «Zwischengewalten», vor allem von Regionalgerichtshöfen in der Hand des Adels, zu den Hauptmerkmalen gehören, die eine Monarchie vor einer Despotie auszeichnen, diese Lehre Montesquieus nahm der Amtsadel freudig an. Die Parlamente in Paris und in den Provinzhauptstädten waren es, die in der tiefen Finanzkrise Ende der 1780er Jahre den königlichen Besteuerungsplänen Widerstand entgegensetzten. Das Parlament von Paris forderte 1787 die Einberufung der Generalstände und blieb auch hart, als Ludwig XVI. es für einige Zeit ins Exil nach Troyes schickte. Die Provinzparlamente, an ihrer Spitze das der Dauphiné in Grenoble, handelten solidarisch. Bürgerliche Juristen, wie der beim Parlament in Grenoble zugelassene Advokat Jean-Joseph Mounier, entdeckten Gemeinsamkeiten mit den adligen Richtern. Die Französische Revolution hatte ihre Anfänge bereits 1788 in einer Revolte der Parlamente. Diese bildete den Hintergrund für Emmanuel Sieyès' ganz anders geartete Broschüre «Was ist der Dritte Stand» und für seine These, daß der Adel «wegen seines Müßiggangs ganz gewiß nicht zur Nation» gehöre. Die Revolution des Dritten Standes, dessen Aktivisten hinter den mit französischer Unterstützung errungenen revolutionären Fortschritten der Amerikaner nicht zurückstehen wollten und sich zur Nation erklärten, schuf dann die Lage, in der isolierte Ratschläge aus *Vom Geist der Gesetze* für eine institutionelle Absicherung individueller Freiheiten nunmehr auch in Frankreich nutzbar gemacht werden konnten.

Wenige Monate nach Verabschiedung der amerikanischen Verfassung begann die Französische Revolution. Zu ihren ersten und zugleich bedeutsamsten Ergebnissen gehörte die «Erklärung der Menschen- und Bürgerrechte». Wie die Flugschriftenliteratur seit 1786 und die «Cahiers de doléances», die aus der Bevölkerung nach alter Tradition den Generalständen eingereichten «Beschwerdehefte» des Frühjahrs 1789 bezeugen, entsprach sie den Wünschen breiter, zwar gebildeter, aber deswegen keineswegs auch zugleich philosophisch versierter Kreise. Die «Erklärung der Menschen- und Bürgerrechte», deren Beratung die Nationalversammlung und ihr Verfassungsausschuß auf der Grundlage von Entwürfen vornahmen, welche vor allem von La Fayette, Mounier und Sièyes eingereicht worden waren und die sich in der Form, aber auch im Inhalt an die «Virginia Bill of Rights» und an die Amerikanische Unabhängigkeitserklärung anlehnte (deren Hauptverfasser Jefferson mittlerweile als US-Botschafter in Paris amtierte), war nicht aus einem der Gedankengebäude der Aufklärungsphilosophen abgeleitet, aber einige ihrer Artikel boten sich dazu an, mit bestimmten Schriftstellern identifiziert zu werden. Als die Zeitung «Point du jour» am 27. August 1789 über die Beratungen des Vortages berichtete, deren Ergebnis auch die Verabschiedung des Artikels XVI über das Rechtsstaatsprinzip und die Gewaltenteilung gewesen war, fügte sie den Kommentar hinzu, dieser Artikel bringe das erste Prinzip aller Regierungen zum Ausdruck, und gefunden habe es Montesquieu.[267] Wer es denn wollte, konnte auch zur Bekräftigung anderer Sätze Textstellen *Vom Geist der Gesetze* heranziehen: In Artikel 4 hieß es, daß die Freiheit darin bestehe, alles das tun zu können, was nach Lage der Gesetzgebung einem anderen nicht schade.[268] Die «Erklärung der Menschen- und Bürgerrechte», worin sich die Gewaltenteilung als unabdingbarer Bestandteil eines jeden Grundgesetzes proklamiert fand, wurde 1791 zur Präambel der konstitutionell-monarchischen Verfassung Frankreichs. Diese postulierte in klassischer, das heißt für zahlreiche Verfassungen des 19. Jahrhunderts dann vorbildhafter Form die Trennung der Gewalten zwischen König, Gesetzgebender Versammlung und unabhängigen Richtern.

Ob Montesquieu – wie Lord Chesterfield in einem Nachruf geschrieben hatte – tatsächlich «als Freund der Menschheit […] mit Kraft und Wahrheit die unstreitigen und unveräußerlichen Rechte» unterstützt hatte, kommt darauf an, wie diese Rechte definiert werden. Hätte der Baron von Montesquieu und La Brède diejenigen

Ob Montesquieu, Mitglied des Amtsadels, Bruder eines Klerikers, die Abschaffung der Privilegien der ersten beiden Stände begrüßt hätte?

Artikel der «Erklärung der Menschen- und Bürgerrechte» unterschrieben, die verlangten, daß alle Menschen «frei und gleich an Rechten» geboren seien, daß sie alle «in der gleichen Weise zu allen Würden, Stellungen und öffentlichen Ämtern zuzulassen» seien, «je nach ihrer Fähigkeit und ohne andere Unterschiede als ihre Tüchtigkeit und Begabung»? Gewiß plädierte Montesquieu nicht allein für ständische Freiheiten, sondern auch für individuelle Freiheit, für Grundgesetze und für das Rechtsstaatsprinzip, für religiöse und moralische Toleranz, konnte also als Liberaler gelten. Zugleich war er jedoch ein interessierter Konservativer; zwar trat er nicht einfach für den Erhalt des Status quo in Frankreich ein, wohl aber für die herausgehobene Stellung seines Standes, wie sie von der Nationalversammlung – unter Mitwirkung des größten Teils der adligen Vertreter – am 4. August 1789 abgeschafft wurde.

Während dieser Revolution, die gern auch in simplifizierender Weise als ein Kampf zwischen den (liberalkonservativen) Prinzipien Montesquieus und den (progressiv-demokratischen) Prinzipien Rousseaus beschrieben wird, waren es vorwiegend die «Rechten», die sich auf den Baron aus dem Bordelais beriefen, die Monarchi-

In der Nationalversammlung vollzogen zahlreiche Adlige und Kleriker am 4./5. August 1789 ihre eigene Entprivilegierung.

sten und die «Anglomanen». Mit besonderer Intensität, wenngleich ohne Grund, taten sie dies 1789 zur Unterstützung ihrer unsinnigen (und erfolglosen) Forderung, der König müsse mit einem Veto ohne sachliche oder zeitliche Begrenzung gegenüber der Legislative ausgestattet werden. «Rechts» und «links» als politische Etikettierungen gehen auf diese Debatte und die von den Befürwortern und Gegnern des unbeschränkten königlichen Vetos gewählte Sitzordnung in der Nationalversammlung zurück. Und obwohl in der Debatte um die Ausgestaltung der Judikative 1790 nicht nur die Rechte, sondern auch Antoine Barnave für die gemäßigte Linke ausgiebig aus *Vom Geist der Gesetze* zitierten (und sich mit seinen Vorstellungen durchsetzte); obwohl Robespierre die von ihm 1793 in den Mittelpunkt vieler Reden gerückte «Tugend» oft mit an Montesquieu gemahnenden Worten als «die Liebe zum Vaterland und zu seinen Gesetzen» definierte – gewöhnlich stellten die Linken den liberalen Aristokraten in die rechte Ecke. Mehr noch als gegen das absolute Regime wandte sich die Revolution gegen die Privilegien von Klerus und Adel. Es war Rousseau, dessen Werk ihre Leitbilder und Parolen in erster Linie entnommen waren, vor allem das Leitbild der «nation une et indivisible», der einen und ungeteilten und (wie man hinzufügen muß) im Innern und nach außen souveränen

Nation. Dazu stand ein materiales Konzept der Gewaltenteilung, das just die sozialökonomische Fraktionierung einer – beispielsweise ständischen – Gesellschaft in den Dienst der Freiheitssicherung stellen wollte, in einem kaum lösbaren Spannungsverhältnis.

Die französische Linke war punktuell, wenn es «nur» um die Technik der Anordnung politischer Institutionen zu gehen schien, gelegentlich bereit, sich auf Ideen Montesquieus einzulassen. Aber das Mißtrauen gegenüber seinem Vorschlag, neben der Abgeordnetenversammlung eine Adelskammer einzurichten, war groß. Der Philosoph Condorcet, Präsident der Nationalversammlung, hatte diesen Plan schon vor der Revolution vom Tisch gefegt. Ihn ad absurdum zu führen, so polemisierte er eindrucksvoll an der Sache vorbei, reiche eine einzige Überlegung: Wäre ein Sklave, der zwei Herren hätte, die miteinander oft im Streit lägen, deshalb kein Sklave mehr?[269]

Die Pariser Konstituante ließ sich 1791 sowohl das Symbol Rousseau als auch das Symbol Montesquieu angelegen sein: Das Volk, der «Souverän», blieb auf eine Rolle als «pouvoir constituant» reduziert, als verfassungsgebende Kraft; nach der Errichtung der Verfassung gab es nurmehr «pouvoirs constitués», institutionalisierte Gewalten, und diese waren getrennt. Eine zweite Kammer freilich gab es nicht. In der maßgeblich von Condorcet inspirierten Konventsverfassung von 1793 siegte «Rousseau» deutlich über «Montesquieu»: Auch ihr wurde eine Erklärung der Menschen- und Bürgerrechte vorangestellt, aber der Grundsatz der Gewaltenteilung war entfernt worden. Die Bordelaiser Akademie verfolgte den 1882 begonnenen Wettbewerb um die beste «Eloge de Montesquieu» nicht weiter, und während 1794 Rousseaus sterbliche Überreste auf Veranlassung von Robespierre in das Pantheon überführt wurden, hatte man Montesquieus Grab im Zuge der Schreckensherrschaft (1792/93) geschändet, seine Gebeine in die Katakomben geworfen. Die Direktorialverfassung von 1795 dagegen erkannte sein Gewaltenteilungsprinzip wieder ausdrücklich an. Als der Rat der Alten am 2. März 1796 den Beschluß faßte, nun auch Montesquieu die Ehre des Pantheons zu erweisen, waren seine Überreste nicht mehr aufzufinden.

Mit der von Ludwig XVIII. nach Napoleons Rücktritt 1814 oktroyierten Verfassung, der «Charte constitutionelle», hätte Montesquieu wohl weitgehend einverstanden sein können; die Bourbonen-Restauration knüpfte wieder an die ständische Gesellschaft an, zum Beispiel durch eine Pairskammer, deren Mitgliedschaft erblich war.

Aber der Niedergang des Ständestaats konnte durch eine Verfassung nicht mehr aufgehalten werden. Die föderalistischen deutschen Verfassungen von 1849 (die «Paulskirchenverfassung» trat nicht in Kraft) und von 1871 zeigten Ansätze von Gewaltenteilung; sie erhielten durch ein «Staatenhaus» (1849) und den «Reichsrat» (1871) als jeweils zweite Legislativkammer sogar eine föderalistisch-materiale Komponente. Freilich galt Montesquieu als Franzose – wie sein Übersetzer Adolf Ellissen 1843 bedauerte – im Deutschland des 19. Jahrhunderts nur bedingt als zitierfähig.[270]

Aufklärung und bürgerliche Revolutionen leiteten ein aufgrund der Verbindung von Naturwissenschaft, Technik und Wirtschaft höchst dynamisches Zeitalter ein, «das Reich der Maschine», «das Reich der Masse»[271], die «Moderne» (deren Bezeichnung mit der «Querelle des Anciens et des Modernes» kaum noch etwas gemein hat). Der in diesem Sinn bei Montesquieu deutlich gewordene moderate Antimodernismus hat im letzten Drittel des 20. Jahrhunderts durch die Bemühungen der Postmodernisten wieder an Ansehen gewonnen[272]: Skepsis gegenüber Fortschrittsbehauptungen, Machtzusammenballungen und «holistischen» Planungen; Vorsicht vor den ungeplanten Nebenwirkungen geplanten Handelns; Vertrauen in die pluralistische Vielfalt der Lebensformen; Vertrauen in die Selbstregelungskraft einer Gesellschaft aufgrund von Institutionenarrangements, die die menschlich-allzumenschlichen Fehler, ja Laster ihrer Mitglieder teils kompensieren, teils als Motor gesellschaftlichen Wandels nutzen; der Wunsch schließlich, Tempo und Ausmaß dieses Wandels auf möglichst niedrigem Niveau zu optimieren. Mitte des 18. Jahrhunderts vermochte Montesquieu sich vorzustellen, daß Maschinen, *die den Arbeitsgang vereinfachten, das heißt die Zahl der Arbeiter verringerten*, verderblich sein könnten. Das hat ihm Mitte des 20. Jahrhunderts den Vorwurf des ihm sonst wohlgesonnenen Raymond Aron eingetragen, er habe «die ökonomische Bedeutung des wissenschaftlichen und technischen Fortschritts nicht erkannt» und «nicht den Mechanismus begriffen, durch den die Verkürzung der Arbeitszeit für die Erzeugung eines bestimmten Gutes es ermöglicht, mehr Arbeiter zu beschäftigen».[273] Ausmaß und Struktur der Arbeitslosigkeit in Europa geben Ende des 20. Jahrhunderts die Frage auf, wovon es wohl abhängt, ob Montesquieu oder Aron zuzustimmen ist.

Mit dem revolutionär aufgeladenen Leitbegriff der «Nation», der im Verlauf von anderthalb Jahrhunderten von einem Schlüsselwort

Der «Europäer» Montesquieu als ein Stück «nationalen Kulturerbes» auf einem der letzten französischen Geldscheine.

der «Linken» zu einer Parole der «Rechten» wurde[274], hätte Montesquieu wohl ebensowenig etwas anfangen können wie mit der Vorstellung, daß politische Strukturprinzipien durch Krieg in andere Länder exportiert zu werden lohnten. Er sei in erster Linie Mensch, hat der Philosoph aus dem Bordelais notiert, und Franzose nur durch Zufall. Einer seiner unveröffentlichten und trotzdem am häufigsten zitierten *Gedanken* – einer, der hier anknüpft – weist die Form einer Kette auf und ist am Leitbild der *Tugend*, nicht aber an dem der *Ehre* orientiert. Er ist auf den ersten Blick ein Beispiel gedanklicher Konsequenz; ob er unter den von Montesquieu den *Gedanken* vorangestellten Vorbehalt fällt, nicht als *vertieft* gelten zu können[275], hängt von moralischen und politischen Prämissen ab: *Wenn ich etwas wüßte, das mir nützlich, aber meiner Familie abträglich wäre, würde ich es aus meinem Kopf verbannen. Wenn ich etwas wüßte, das meiner Familie nützlich wäre, aber nicht meinem Vaterland, versuchte ich es zu vergessen. Wenn ich etwas wüßte, das meinem Vaterland nützlich, aber Europa abträglich wäre, oder aber Europa nützlich und für die Menschheit nachteilig, sähe ich es als ein Verbrechen an.*[276]

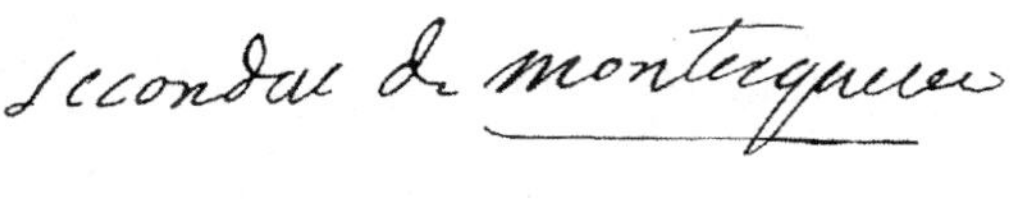

Anmerkungen

Folgende Werke werden in Abkürzung zitiert:

Ellissen I–III: Montesquieu. Geist der Gesetze. Nebst Destutt de Tracys Kommentar und Noten von Helvétius und Voltaire. Aus dem Franz. von Adolf Ellissen. I–III. Leipzig 1844

Laboulaye I–VII: Montesquieu. Œuvres complètes. Hg. von Edouard Laboulaye. I–VII. Paris 1875–1879

Pléiade I, II: Montesquieu. Œuvres complètes. Hg. von Roger Caillois. I, II. Paris 1949

Pens./Spic.: Montesquieu. Pensées. Le Spicilège. Hg. von Louis Desgraves. Paris 1991

Perserbriefe: Montesquieu. Persische Briefe. Hg. von Peter Schunck. Stuttgart 1991 (Diese Übersetzung ist mir gefälliger erschienen als diejenige von Jürgen von Stackelberg: Montesquieu. Perserbriefe. Frankfurt a. M. 1988, welcher ich jedoch den Zitiertitel entlehnt habe).

Betrachtungen: Montesquieu. Größe und Niedergang Roms. Mit den Randbemerkungen Friedrichs des Großen. Hg. von Lothar Schuckert. Frankfurt a. M. 1980

G. d. G. I, II: Montesquieu. Vom Geist der Gesetze. Hg. von Ernst Forsthoff. I, II. Tübingen 1951, Nachdruck 1992

Desgraves: Louis Desgraves: Montesquieu. Frankfurt a. M. 1992

Shackleton: Robert Shackleton: Montesquieu. A Critical Biography. Oxford 1961

1 G. d. G. I, S. 213
2 Aristoteles: Politik. Hg. von Olof Gigon. München 1973, S. 157
3 John Locke: Zwei Abhandlungen über die Regierung. Hg. von Walter Euchner. Frankfurt a. M. 1977, S. 294
4 Ibid., S. 40
5 Walter Struck: Montesquieu als Politiker. Berlin 1933, S. 139–189
6 Michael Hereth: Montesquieu zur Einführung. Hamburg 1995, S. 100
7 Montesquieu. Vom glücklichen und weisen Leben. Hg. von Erwein Freiherr von Aretin. Zürich 1990, S. 73
8 Bertrand de Jouvenel: Über die Staatsgewalt. Die Naturgeschichte ihres Wachstums. Freiburg i. B. 1972, S. 40ff.
9 G. d. G. I, S. 19; zur Nutzanwendung dieses Gedankens für die Parteiengeschichte vgl. Helmut Stubbe-da Luz: Vor-Wahlen: Aufstellung, Zulassung und Prä-

sentation von Kandidaten zu allgemeinen Hamburger Wahlen seit 1848. In: Zeitschrift des Vereins für Hamburgische Geschichte 1997, S. 95–131

10 Benjamin Constant: Grundprinzipien der Politik. In: Ders.: Werke. Hg. v. Lothar Gall. Bd. IV. Berlin o. J., S. 18ff.

11 Vgl. ibid., S. 25

12 G. d. G. I, S. 34, S. 37

13 G. d. G. I, S. 211

14 G. d. G. I, S. 219

15 Karl Loewenstein: Verfassungslehre. Tübingen 1958, S. 14

16 G. d. G. I, S. 27

17 Moisei Ostrogorski: La démocratie et les partis politiques. 2., überarb. Aufl. 1912, Neuaufl. Paris 1993, S. 33. Vgl. zu Ostrogorskis Parteienkritik Helmut Stubbe-da Luz: Parteien als politische Unternehmen – der Parteienforscher Moisei Ostrogorski (1854–1919) und die heutige Parteienhistorie in Deutschland und Frankreich. In: Francia. Forschungen zur westeuropäischen Geschichte 24/3 (1997), S. 169–182

18 G. d. G. I, S. 28; Winfried Steffani: Pluralistische Demokratie, Opladen 1980; ders.: Gewaltenteilung und Parteien im Wandel. Opladen 1998

19 Werner Weber: Weimarer Verfassung und Bonner Grundgesetz. In: Ders.: Spannungen und Kräfte im westdeutschen Verfassungssystem. Stuttgart 1951, S. 7–38

20 Hans Apel: Die deformierte Demokratie. Stuttgart 1991, Gunter Hofmann, Werner A. Perger: Richard von Weizsäcker im Gespräch. Frankfurt a. M. 1992; Hans Herbert von Arnim: Staat ohne Diener. München 1993; Klaus von Beyme: Die politische Klasse im Parteienstaat. Frankfurt a. M. 1993. Vgl. auch Helmut Stubbe-da Luz: Parteiendiktatur. Die Lüge von der «innerparteilichen Demokratie». Frankfurt a. M., Berlin 1994

21 Richard von Weizsäcker: Wird unsere Parteiendemokratie überleben? In: Ders.: Die deutsche Geschichte geht weiter. Berlin 1983, S. 154–174, hier S. 155

22 G. d. G. I, S. 33f.

23 Hereth: Montesquieu (Anm. 6)

24 Jean Starobinski: Montesquieu. München 1991, S. 9

25 Perserbriefe, S. 300

26 G. d. G. I, S. 155

27 Pens./Spic., S. 247

28 Pens./Spic., S. 185–658, hier S. 187

29 Vom glücklichen und weisen Leben (Anm.7)

30 Pens./Spic., S. 659–916. Spicilège bedeutet «Ährenlese» oder «Nachlese»

31 Pens./Spic., S. 478

32 Pens./Spic., S. 247, S. 271, S. 359, S. 367, S. 391, S. 631; S. 270; S. 246

33 Jeannette Geffriaud-Rosso: Montesquieu et la féminité. Pisa 1977, S. 582f.

34 Ibid., S. 28

35 Pléiade I, S. 992

36 Vgl. Françoise Hildesheimer: Le Jansénisme. Paris 1992

37 René Descartes: Die Prinzipien der Philosophie (1644). Hamburg 1955, S. 30

38 Bernard Lamy: Entretiens sur les sciences. Grenoble 1683, S. 214

39 Franz Mauthner: Fréret, Montesquieu, Voltaire. In: Ders.: Der Atheismus und seine Geschichte im Abendland. Stuttgart/Berlin 1923 (Reprint Hildesheim 1963). Bd. 3, S. 32–78; Blandine Barret-Kriegel: Nicolas Fréret

(1688–1749). In: Dies.: Jean Mabillon. Paris 1988, S. 163ff.
40 Michael Wagner: Parlements. In: Rolf Reichardt / Eberhard Schmitt (Hg.): Handbuch politisch-sozialer Grundbegriffe in Frankreich 1680–1820. H. 10. München 1988, S. 55–106
41 G. d. G. II, S. 20
42 Pléiade I, S. 66–71
43 Pléiade I, S. 4
44 Pléiade I, S. 81–92
45 Vom glücklichen und weisen Leben (Anm. 7), S. 59
46 Pléiade I, S. 15–20
47 Pléiade I, S. 10–14
48 Pléiade I, S. 29–43
49 Pléiade I, S. 21
50 Pléiade I, S. 23–26 u. S. 27f.
51 Vgl. Lionel Gossmann: Medievalism and the Ideology of Enlightenment. The World and Work of Lacurne de Sainte-Palaye. Baltimore 1968, S. 48
52 Perserbriefe, S. 61
53 Perserbriefe, S. 90
54 Perserbriefe, S. 114f.
55 Perserbriefe, S. 162
56 Perserbriefe, S. 6
57 Perserbriefe, S. 214
58 Perserbriefe, S. 105
59 Jean-Baptiste Gaultier: Les Lettres Persanes convaincues d'impiété. O. O. 1751
60 Perserbriefe, S. 5
61 G. d. G. I, S. 6
62 Perserbriefe, S. 5
63 Roger Caillois: Préface. In: Pléiade I, S. IX–XXXI, hier S. XIII (vgl. auch «Zeugnis» im Anhang)
64 Brief CXIII–CXXII: Troglodyten-Fabel; XI–XIV: geographisch-soziologische Abhandlung; CXXXIII–CXXXVII: Bericht über die Bibliothek von Saint-Victor
65 Perserbriefe, S. 28–36
66 Bernard de Mandeville: Die Bienenfabel oder Private Laster, öffentliche Vorteile. Hg. von Walter Euchner. Frankfurt a. M. 1980
67 Perserbriefe, S. 174
68 Perserbriefe, S. 146
69 Vgl. Arnold Hauser: Sozialgeschichte der Kunst und Literatur. München 1953, S. 677
70 Edgar Mass: Literatur und Zensur in der frühen Aufklärung. Frankfurt a. M. 1981, S. 154
71 Perserbriefe, S. 95; Fritz Schalk (Hg.): Französische Moralisten. La Rochefoucauld, Vauvenargues, Montesquieu, Chamfort. Zürich 1995
72 Perserbriefe, S. 106
73 Perserbriefe, S. 287
74 Perserbriefe, S. 260
75 Perserbriefe, S. 81
76 Perserbriefe, S. 234
77 Perserbriefe, S. 243f.
78 Perserbriefe, S. 158
79 Perserbriefe, S. 238
80 Perserbriefe, S. 141
81 Perserbriefe, S. 71, S. 255; S. 137ff., S. 194ff.
82 Perserbriefe, S. 136
83 Pens. / Spic., S. 247
84 Ville de Bordeaux: Montesquieu. Bordeaux 1955, S. 48
85 Pléiade I, S. 44–52, hier S. 49
86 Pens. / Spic., S. 248f.
87 Vom glücklichen und weisen Leben (Anm. 7), S. 58
88 Pléiade I, S. 501–507
89 Roger Marchal: Madame de Lambert et son milieu. Oxford 1991, S. 252
90 Perserbriefe, S. 142
91 Vgl. Desgraves, S. 160
92 Shackleton, S. 88; Desgraves, S. 165
93 Vgl. Desgraves, S. 165
94 Stendhal: Voyage dans le midi de la France. Paris 1930, S. 120
95 Pléiade I, S. 671

96 Pléiade I, S. 644
97 Pléiade I, S. 535–973
98 Pléiade I, S. 809, ähnlich S. 818
99 Desgraves, S. 224
100 Desgraves, S. 177
101 Desgraves, S. 183
102 Desgraves, S. 231
103 Shackleton, S. 117 ff.
104 Kurt Kluxen: Die Herkunft der Lehre von der Gewaltentrennung. In: Heinz Rausch (Hg.): Zur heutigen Problematik der Gewaltentrennung. Darmstadt 1969, S. 131–152, hier S. 135
105 Pens./Spic., S. 432
106 Shackleton, S. 137
107 Pléiade I, S. 885–909
108 Réflexions sur les habitants de Rome. In: Pléiade I, S. 910–912
109 Réflexions sur la sobriété des habitants de Rome comparée à l'intempérance des anciens romains. Vgl. Shackleton, S. 405
110 Dieter Gembicki: Corruption, Décadence. In: Rolf Reichardt, Hans-Jürgen Lüsebrink (Hg.): Handbuch politisch-sozialer Grundbegriffe in Frankreich 1680–1820. H. 14/15. München 1993, S. 7–60
111 Shackleton, S. 151 f.
112 Pléiade II, S. 9–18
113 Vgl. G. d. G. II, S. 76 ff.
114 Theodore Bestermann: Voltaire. München 1971, S. 139
115 Betrachtungen, S. 29
116 Betrachtungen, S. 5
117 Betrachtungen, S. 71
118 Betrachtungen, S. 6
119 Betrachtungen, S. 58
120 Betrachtungen, S. 33
121 Betrachtungen, S. 122
122 Melvin Richter: Montesquieu. In: Encyclopedia of the Social Sciences. X, S. 467–476, hier S. 470
123 Betrachtungen, S. 56 f.
124 Betrachtungen, S. 97
125 Betrachtungen, S. 66, S. 103
126 Betrachtungen, S. 62
127 Betrachtungen, S. 152
128 Betrachtungen, S. 94
129 Betrachtungen, S. 143
130 Betrachtungen, S. 137
131 Vgl. Desgraves, S. 289
132 Vgl. Louis Desgraves: Introduction. In: Pens./Spic., S. 63
133 Vom glücklichen und weisen Leben (Anm. 7), S. 67
134 François Furet, Denis Richet: Die Französische Revolution. Frankfurt a. M. 1968, S. 34
135 Desgraves, S. 271
136 G. d. G. II, S. 129
137 Pléiade I, S. 978
138 Pléiade I, S. 464–500
139 Vgl. Desgraves, S. 248
140 David Beeson: Maupertuis. Oxford 1992, S. 140
141 Perserbriefe, S. 251, S. 253 f.
142 Desgraves, S. 302
143 Karl R. Popper: Kübelmodell und Scheinwerfermodell. In: Ders.: Objektive Erkenntnis. Hamburg 1973, S. 369–390
144 G. d. G. I, S. 7 f.
145 Pléiade I, S. 416–463
146 Pens./Spic., S. 436–462
147 Pléiade II, S. 39–68
148 Vgl. Desgraves, S. 296
149 Vgl. Desgraves, S. 271
150 Vgl. Desgraves, S. 327
151 Marc Bloch: La société féodale (1939). Paris 1989, S. 12
152 Henri de Boulainvilliers: Essai sur la noblesse. Amsterdam 1732
153 Jean-Baptiste Dubos: Histoire critique de l'établissement de la monarchie française dans les Gaules. Paris 1734
154 G. d. G. II, S. 502
155 De Jouvenel: Staatsgewalt (Anm. 8)
156 Friedrich Meinecke: Die Ent-

stehung des Historismus I., München 1936, S. 175
157 G. d. G. I, S. 28. Vgl. Laboulaye VI, S. 326f.
158 Pens./Spic., S. 633
159 G. d. G. I, S. 6
160 Zit. n. Struck: Montesquieu (Anm. 5), S. 12f.
161 G. d. G. I, S. 215
162 Hermann Knust: Montesquieu und die Verfassung der Vereinigten Staaten von Amerika. München 1922, S. 15
163 G. d. G. I, S. 216
164 G. d. G. I, S. 224
165 G. d. G. I, S. 217
166 G. d. G. I, S. 215
167 G. d. G. I, S. 217, S. 220
168 G. d. G. I, S. 212f.
169 G. d. G. I, S. 28
170 G. d. G. I, S. 213
171 G. d. G. I, S. 9
172 G. d. G. I, S. 10
173 G. d. G. I, S. 10f.
174 G. d. G. I, S. 12f.
175 G. d. G. I, S. 10
176 G. d. G. I, S. 15
177 G. d. G. I, S. 16
178 G. d. G. I, S. 413
179 G. d. G. I, S. 175
180 Vgl. G. d. G. I, S. 46
181 G. d. G. I, S. 43
182 G. d. G. I, S. 96
183 G. d. G. I, S. 108
184 Hans Schlosser: Montesquieu. Der aristokratische Geist der Aufklärung. Berlin 1990, S. 28
185 Vgl. G. d. G. I, S. 3, S. 46
186 G. d. G. I, S. 5
187 G. d. G. I, S. 18
188 G. d. G. I, S. 39
189 G. d. G. II, S. 127
190 G. d. G. I, S. 41
191 Mandeville: Bienenfabel (Anm. 66), S. 92
192 G. d. G. I, S. 174
193 Vgl. Desgraves, S. 185
194 G. d. G. I, S. 94
195 G. d. G. I, S. 384
196 G. d. G. I, S. 118
197 G. d. G. I, S. 419
198 Vgl. G. d. G. I, S. 412, S. 414, S. 420, S. 425 und das kritische «Zeugnis» von Maurice Joly im «Anhang»
199 G. d. G. I, S. 414
200 G. d. G. I, S. 122
201 Vgl. Shackleton, S. 318
202 Starobinski: Montesquieu (Anm. 24), S. 74
203 G. d. G. I, S. 181 («République fédérative»)
204 G. d. G. II, S. 13
205 G. d. G. II, S. 158
206 G. d. G. I, S. 188
207 G. d. G. II, S. 350
208 G. d. G. II, S. 364
209 Vgl. Shackleton, S. 357
210 Jean le Rond d'Alembert: Eloge de Montesquieu (1755). Übersetzt in: Ellissen I, S. 11–47
211 Laboulaye VI, S. 101–114, hier S. 102
212 G. d. G. I, S. 261
213 Vom glücklichen und weisen Leben (Anm. 7), S. 59
214 Laboulaye VI, S. 115–137, hier S. 116
215 Vgl. G. d. G. I, S. 328
216 Pléiade II, S. 1121–1166
217 Pléiade II, S. 1135
218 G. d. G. II, S. 160
219 G. d. G. II, S. 161
220 Pléiade II, S. 1147
221 Pléiade II, S. 1145
222 Pléiade II, S. 1164
223 Ellissen III, S. 53–86
224 Journal de Trévoux 1750, S. 532–540
225 Vgl. Rainer Specht: Baruch Spinoza (1632–1677). In: Otfried Höffe (Hg.): Klassiker der Philosophie, I. München 1981, S. 345
226 Voltaire: Remerciement à un

homme charitable. In: Laboulaye VI, S. 239–243, hier S. 240
227 Vgl. Desgraves, S. 363
228 G. d. G. I, S. 218f.
229 G. d. G. II, S. 199–200, hier S. 200
230 Ibid., S. 202
231 Réponses et explications données à la Faculté de théologie. In: Pléiade II, S. 1172–1195
232 Laboulaye VI, S. 247–312
233 Pièces pour et contre l'Esprit des lois. Genf 1752. Vgl. die Übersicht in Desgraves: Introduction (Anm. 129), S. 181
234 Pléiade II, S. 1237–1239
235 Pléiade II, S. 1217–1221
236 Vgl. Desgraves, S. 404f.
237 Bestermann: Voltaire (Anm. 114), S. 273
238 Louis-Mayeul Chaudon: Dictionnaire anti-philosophique pour servir de commentaire et de correctif au Dictionnaire philosophique [von Voltaire, 1764]. Avignon 1767. Der Bericht ist abgedruckt in O. R. Taylor: Bernard Routh et la mort de Montesquieu. In: French Studies (1949), S. 101–121
239 Vgl. Desgraves, S. 389
240 Furet/Richet: Revolution (Anm. 134), S. 79
241 Perserbriefe, S. 299
242 Vom glücklichen und weisen Leben (Anm. 7), S. 11
243 G. d. G. I, S. 227
244 Voltaire: Commentaire sur l'Esprit des lois de Montesquieu. Lausanne 1778 (Vorwort übersetzt in Ellissen III, S. 79–81)
245 Vgl. Helvétius' Briefe zum Manuskript «Vom Geist der Gesetze» an Montesquieu und an Bernard-Joseph Saurin, übersetzt in: Ellissen I, S. 69–78
246 Jean-Jacques Rousseau: Vom Gesellschaftsvertrag oder Grundlagen des politischen Rechts. Hg. von Wolfgang Skwara. Frankfurt am Main 1996, S. 53
247 Jean-Paul Marat: Eloge de Montesquieu, présenté à l'Académie de Bordeaux le 28 mars 1785. Hg. von Arthur de Brézetz. Libourne 1883; Condorcet: Observations sur le vingt-neuvième livre de L'Esprit des lois (1780). In: La pensée de Montesquieu. Caen 1985, S. 143–158. Antoine Destutt de Tracy: Commentaire sur l'Esprit des lois de Montesquieu. Paris 1819, Nachdruck Genf 1970, übersetzt in: Ellissen I–III
248 Marat: Eloge (Anm. 248), S. 78f.
249 Vgl. vor allem Emile Durkheim: Montesquieu et Rousseau, précurseurs de la sociologie. Paris 1953
250 Zit. n. Desgraves, S. 400
251 Pléiade II, S. 1240–1263, hier S. 1242
252 Pléiade II, S. 1243
253 Jean le Rond d'Alembert: Analyse de l'Esprit des lois. In: Laboulaye III, S. 63–82, übers. in: Ellissen I, S. 48–68
254 G. d. G. I, S. 220
255 Benjamin Constant: Über die Freiheit der Alten im Vergleich zu der der Heutigen. In: Ders.: Werke (Anm. 11), Bd. IV, S. 363–396
256 Dieser Titel eines Buches des Liberalkonservativen Wilhelm Röpke (Erlenbach 1950) scheint mir Montesquieus Ideal in treffender Weise auszudrücken
257 G. d. G. I, S. 43
258 G. d. G. I, S. 72

259 G. d. G. I, S. 84
260 Robert A. Kann: die Restauration als Phänomen in der Geschichte. Graz 1974
261 G. d. G. I, S. 438. Forsthoff hat «prospérité» («Wohlstand») mit «Fortschritt» übersetzt, was sowohl lexikalisch als auch philosophisch unzulässig ist.
262 Robert R. Palmer: Das Zeitalter der demokratischen Revolution. Frankfurt a. M. 1970, S. 67
263 Vgl. Morton White: The Philosophy of the American Revolution. New York 1978: David F. Epstein: The Political Theory of the Federalist. Chicago 1984
264 G. d. G. I, S. 180
265 James Bryce: The American Commonwealth. I. London 1883, S. 36
266 Furet/Richet: Revolution (Anm. 134), S. 33
267 Wilhelm Rees: Die Erklärung der Menschen- und Bürgerrechte von 1789. Beiträge zu ihrer Entstehungsgeschichte. Leipzig 1912, S. 165
268 Vgl. Usbeks Freiheitsdefinition, weiter oben, 2. Kapitel
269 Bernard Manin: Montesquieu. In: Dictionnaire critique de la Révolution française. Hg. von François Furet und Mona Ozouf. Paris 1988, S. 786–799, hier S. 799
270 Ellissen I, S. 3–9
271 Skeptische Kapitelüberschriften in: Handbuch der Weltgeschichte. Hg. von Alexander Randa. III. Olten, Freiburg i. B. 1954
272 Jean-François Lyotard: Das postmoderne Wissen. München 1982; Wolfgang Welsch: Unsere postmoderne Moderne. Weinheim 1985; Moderne oder Postmoderne? Hg. von Peter Koslowski, Robert Spaemann, Reinhard Löw. Weinheim 1986
273 Raymond Aron: Hauptströmungen des soziologischen Denkens. Köln 1971, S. 45
274 Guy Rossi-Landi: Le chassé-croisé. La droite et la gauche en France de 1789 à nos jours. Paris 1978
275 Pens./Spic., S. 341. Zu Montesquieu als einem «Europäer» vgl. L'Europe de Montesquieu. Actes du Colloque de Gênes (26–29 mai 1993) organisé par la Société Montesquieu. Neapel 1995

Zeittafel

1689 Montesquieu wird am 18. Januar als Charles-Louis de Secondat in La Brède als ältester Sohn von Jacques de Secondat (1654–1713) und Marie-Françoise de Pesnel (1665–1696) getauft. In England garantiert nach der «Glorreichen Revolution» eine «Bill of Rights» die Rechte der beiden Kammern des Parlaments gegenüber dem König.

1690 John Locke veröffentlicht «Two Treatises of Government» (ein Plädoyer für Volkssouveränität und Gewaltenteilung in einer gemäßigten Monarchie).

1700 Montesquieu wird auf das Oratorianer-Kolleg in Juilly bei Paris geschickt.

1705 Montesquieu studiert an der Juristischen Fakultät von Bordeaux.

1707 Pierre Bayle veröffentlicht sein «Historisch-kritisches Lexikon»; darin wird u. a. ein Bericht über das Abendland aus der Sicht eines Japaners oder Chinesen vorgeschlagen.

1708 Montesquieu schließt sein Jurastudium ab und wird als Rechtsanwalt am Parlament von Bordeaux zugelassen.

1709 Montesquieu lebt in Paris (bis 1713), sammelt Erfahrungen in einer Rechtsanwaltskanzlei, pflegt Kontakte zu dem Sinologen Nicolas Fréret und dem Historiker Henri de Boulainvilliers.

1713 Papst Clemens XI. gibt auf Betreiben der Jesuiten und Ludwigs XIV. die Bulle Unigenitus zur Bekämpfung des Jansenismus heraus, die wegen ihrer staats- und kirchenrechtlichen Bedeutung bald als «Konstitution» bezeichnet wird.

1714 Montesquieu, nach dem Tod seines Vaters Baron de la Brède, kauft Amt und Titel eines Rats am Parlament der Guyenne zu Bordeaux.

1715 Montesquieu heiratet in Bordeaux Jeanne de Lartigue, eine Protestantin. Kinder Jean-Baptiste (1716–1795), Marie (1717–1784), Denise (1727–1800). Nach dem Tod Ludwigs XIV. beginnt die turbulente Zeit der «Regentschaft»: Der Nachfolger, Ludwig XV., ist noch minderjährig (bis 1723). In allen Lebensbereichen tritt eine gewisse Lockerung ein: Das Zeitalter der Aufklärung beginnt.

1716 Montesquieu wird in die Académie de Bordeaux gewählt: *Discours de réception à l'Académie de Bordeaux* (*Rede anläßlich der Aufnahme in die Akademie von Bordeaux*). Er erbt von seinem Onkel, Jean-Baptiste de Secondat, Baron de Montesquieu, dessen Güter sowie Amt und Titel eines Parlamentskammerpräsidenten. *Dissertation sur la politique des Romains dans la religion* (*Über die Religionspolitik der Römer*); *Dissertation sur le système des idées* (*Das System der Ideen*). An den Regenten richtet er ein *Mémoire sur les dettes de l'Etat* (*Memorandum über die Staatsschulden*).

1717 Montesquieu beginnt eine gelehrte Materialsammlung *Le Spicilège* (*Nachlese*); *Discours sur Ciceron* (*Cicero*); *Eloge de la sincérité* (*Lob der Ernsthaftigkeit*, publ. 1892).

1718 Montesquieu wird zum erstenmal für ein Jahr zum Direktor der Académie de Bordeaux gewählt und verfaßt in den folgenden Jahren zahlreiche gelehrte Abhandlungen, zunächst *Discours sur les causes de l'écho* (*Über die Ursachen des Echos*); *Discours sur l'usage des glandes rénales* (*Über die Nierendrüsen*).

1719 *Projet d'une histoire physique de la terre ancienne et moderne* (*Entwurf einer physikalischen Geschichte der alten und neuen Welt*); *Observations sur l'histoire naturelle* (*Beobachtungen zur Naturgeschichte*).

1720 Montesquieu beginnt mit seiner zweiten Materialsammlung, *Pensées* (*Gedanken*). *Discours sur la cause de la pesanteur des corps* (*Die Ursache der Schwerkraft*); *Discours sur la cause de la transparence des corps* (*Die Ursache der Durchsichtigkeit von Körpern*).

1721 Montesquieu veröffentlicht die pseudo-orientalische Satire *Lettres Persanes* (*Perserbriefe*) anonym und mit gefälschter Verlagsangabe in Amsterdam.

1723 Ludwig XV. ist volljährig, die Regentschaft ist vorbei, der Regent stirbt. *Lettres de Xénocrate à Phérès* (*Briefe von Xenokrates an Pheres*).

1724 Montesquieu genießt das Leben im Schloß Chantilly beim Herzog von Bourbon, Fürsten von Condé, dem Ersten Minister des Königs. Von Fontenelle wird er in den Salon der Marquise de Lambert eingeführt. *Dissertation sur le mouvement relatif* (*Die relative Bewegung*).

1725 Montesquieu publiziert das Prosagedicht *Le temple de Gnide* (*Der Tempel zu Gnidos*) und hält eine bald berühmte Rede zum Beginn der Sitzungsperiode des Parlaments: *Discours prononcé à la rentrée du Parlement de Bordeaux* oder *Discours sur l'équité qui doit régler les jugements et l'exécution des lois* (*Über die Gerechtigkeit, die die richterlichen Entscheidungen und die Anwendung der Gesetze bestimmen muß*). Für 1725/26 wird er zum Direktor der Académie de Bordeaux gewählt. *Discours sur les motifs qui doivent nous encourager aux sciences* (*Die Motive, die uns zu den Wissenschaften ermutigen sollen*); *Traité général des devoirs* (*Allgemeine Abhandlung über die Pflichten*); *La considération et la réputation* (*Wertschätzung und Ansehen*).

1726 Montesquieu verpachtet sein Richteramt unter Vorbehalt späteren Rückerwerbs gegen eine Leibrente. Kardinal Fleury wird von Ludwig XV. zum Ersten Minister berufen. Madame de Tencin eröffnet ihren Salon in der Rue Saint-Honoré.

1727 Montesquieu stellt dem Club de l'Entresol (1720–1731) seinen *Dialogue de Sylla et d'Eucrate* (*Dialog zwischen Sulla und Eukrates*, publ. 1745) vor – ein Mißerfolg. *Dialogue de Xantippe et de Xénocrate* (*Dialog zwischen Xanthippe und Xenokrates*); *Voyage à Paphos* (*Reise nach Paphos*).

1728 Montesquieu wird – wesentlich auf Betreiben von Madame de Lambert und ihrer «Partei» und gegen anfängliche Bedenken Fleurys – in die Académie française berufen. *Discours de réception à l'Académie française* (*Rede anläßlich der Aufnahme in die Académie française*). Er macht eine große Europareise, vor allem durch Italien, Deutschland und England (bis 1731). Umfangreiche Reiseaufzeichnungen, *Voyages* (*Reisen*, publ. 1767, 1818, größtenteils 1894).

1730 Montesquieu lernt in London das politische System Englands kennen. Er wird in die *Royal Society* und unter die Freimaurer aufgenommen. Seine Bewerbungen für eine Stelle im diplomatischen Dienst bleiben ohne Erfolg.

1731 Montesquieu ist in Frankreich zurück und beginnt seine Reiseeindrücke und -notizen zu verarbeiten. *Mémoire sur les mines* (*Memorandum über die Bergwerke*).

1732 *Réflexions sur la sobriété des habitants de Rome comparée à l'intempérance des anciens Romains* (*Die Nüchternheit der Bewohner Roms im Vergleich zur Maßlosigkeit der alten Römer*); *Discours sur la formation et le progrès des idées* (*Die Ausbildung und der Fortschritt der Ideen*).

1733 Frankreich tritt in den Polnischen Thronfolgekrieg ein (er dauert bis 1735/38). Der unterlegene Kronprätendent Stanislaus Leszczynski, Schwiegervater Ludwigs XV., erhält danach das Herzogtum Lothringen und hält hof in Lunéville. *Considérations sur les richesses de l'Espagne* (*Betrachtungen über die Reichtümer Spaniens*).

1734 Die *Considérations sur les causes de la grandeur des Romains et de leur décadence* (*Betrachtungen über die Ursachen von Größe und Niedergang der Römer*) erscheinen anonym in Amsterdam und – zensiert – in Paris. *Réflexions sur la monarchie universelle en Europe* (*Überlegungen zur Universalmonarchie in Europa*). Madame Geoffrin eröffnet ihren Salon in der Rue Saint-Honoré. *Histoire véritable* (*Wahrhaftige Geschichte*, publ. 1892); *Eloge historique du maréchal de Berwick* (*Historische Lobrede auf den Marschall von Berwick*, publ. 1778).

1736 *Essai sur les causes qui peuvent affecter les esprits et les caractères* (*Über die Ursachen, die die Geister und Charaktere beeinflussen können*).

1739 Montesquieu fungiert als Direktor der Académie française. Seinen Sekretär läßt er ein Manuskript *L'histoire de Louis XI* (*Geschichte Ludwigs XI.*) verbrennen.

1742 *Arsace et Isménie* (*Arakes und Ismenie*, publ. 1783).

1746 Montesquieu wird auf Vorschlag von Maupertuis, dem Präsidenten der Akademie von Berlin, zu deren außerordentlichem Mitglied gewählt. Er gehört jetzt zu den Gästen in Madame du Deffands Salon in der Rue Saint-Dominique.

1747 *Souvenirs de la cour de Stanislas Leckzinski* (*Erinnerungen an den Hof von Stanislaus Leszczynski*, publ. 1796).

1748 Montesquieu verkauft sein Präsidentenamt am Parlament von Bordeaux, weil sein Sohn kein Interesse daran hat. In Genf erscheint anonym sein Hauptwerk *De l'esprit des lois* (*Vom Geist der Gesetze*), ab 11. November im Pariser Buchhandel.

1750 Montesquieu publiziert – als Antwort auf Attacken im (jesuitischen) «Journal de Trévoux» und in den (jansenistischen) «Nouvelles ecclésiastiques» seine *Défense de l'esprit des lois* (*Verteidigung des Geistes der Gesetze*), zusätzlich noch *Eclaircissements sur l'esprit des lois* (*Klarstellungen über den Geist der Gesetze*). Voltaire unterstützt Montesquieu durch die «Ernsthafte Danksagung an einen barmherzigen Menschen». In England erscheint eine Übersetzung des Werks *De l'esprit des lois*.

1751 Montesquieu wird Mitglied der Academie Stanislaus Leszczynskis zu Nancy und trägt dort *Lysimaque* (*Lysimachos*, publ. 1754) vor. Die Index-Kongregation im Vatikan setzt *De l'esprit des lois* auf die Liste der verbotenen Bücher. Denis Diderot unternimmt – bis 1757 zusammen mit Jean le Rond d'Alembert – die Herausgabe der «Enzyklopädie» (Abschluß 1781).

1752 *Réponses et explications données à la Faculté de théologie* (*Antworten und Erläuterungen gegenüber der Theologischen Fakultät [das heißt der Sorbonne]*, publ. 1904).

1753 Die erste deutsche Übersetzung von *De l'esprit des lois* erscheint. *Mémoire sur la Constition* (*Memorandum zur Bulle Unigenitus*, publ. 1892).

1754 Montesquieus Werk *De l'esprit des lois* wird auch von der Sorbonne verurteilt. Die Ausgabe letzter Hand der *Lettres Persanes* erscheint.

1755 Montesquieu stirbt am 10. Februar in Paris. Die Jesuiten und der Papst verbreiten einen Bericht über seine angeblich auf dem Totenbett bezeugte Gottesfurcht. Maupertuis hält vor der Berliner Akademie seine «Lobrede auf Montesquieu». D'Alembert stellt dem V. Band der Enzyklopädie seine «Lobrede auf Montesquieu» und seine «Analyse des Geistes der Gesetze» voran.

1757 Im VII. Band der Enzyklopädie erscheint Montesquieus *Essai sur le goût* (*Versuch über den Schönheitssinn*) – als Ergänzung zu dem Hauptartikel «Goût» von Voltaire. Die Index-Kongregation verurteilt auch die *Lettres Persanes*.

1762 Jean-Jacques Rousseau veröffentlicht sein Werk «Vom Gesellschaftsvertrag», fordert die «unveräußerliche» und «unteilbare» Volkssouveränität und Staatsgewalt und lehnt das Gewaltenteilungsprinzip spöttisch ab.

1776 Das Gewaltenteilungsprinzip wird in die «Virginia Bill of Rights» aufgenommen. Dann erklären 13 englische Kolonien in Nordamerika gar ihre Unabhängigkeit gegenüber dem englischen «Mutterland».

1778 Voltaires «Kommentar über den Geist der Gesetze» erscheint.

1785 Jean-Paul Marat schickt der Bordelaiser Akademie eine «Lobrede für Montesquieu» ein. Louis-Sébastien Mercier macht Montesquieu zum Helden eines Dreiakters, «Montesquieu in Marseille».

1787 Die amerikanische Verfassung, die erste von einer parlamentarischen Versammlung ausgearbeitete Verfassung eines Staatswesens aus Bundesstaaten, beruht auf den Prinzipien des Republikanismus, der Volkssouveränität, der Gewaltenteilung und des Föderalismus. Montesquieu gilt weithin als geistiger Vater von Gewaltenteilung und Föderalismus.

1789 Die französische Nationalversammlung bekennt sich in der «Erklärung der Menschen- und Bürgerrechte» sowohl zur Volkssouveränität als auch zur Gewaltenteilung.

1791 Die Verfassung des Königreichs Frankreich, zu deren Präambel die «Erklärung der Menschen- und Bürgerrechte» jetzt wird, verbindet Volkssouveränität und Gewaltenteilung.

Zeugnisse

Maurice Joly, 1864

MACHIAVELLI Ich bekomme also aus Ihren Händen irgendein großes oder kleines Staatswesen; ich nehme an, daß es mit allen Einrichtungen, die seine Freiheit garantieren, ausgestattet ist, und ich richte an Sie nur die folgende Frage: Glauben Sie, daß seine Regierung gegen einen [...] Staatsstreich gesichert ist?

MONTESQUIEU Solche Machtergreifungen [...] haben durchaus nicht die Bedeutung, die Sie ihnen beizumessen scheinen. Ein Wechsel der Macht würde keinen Wechsel der Einrichtungen herbeiführen. Es mag sein, daß einer, der Anspruch auf die Macht erhebt, das Staatswesen in Unruhe stürzt; seine Partei mag meinetwegen siegen, dann geht die Macht in andere Hände über, und das ist alles. Aber das Staatsrecht, und damit die Grundlage der Einrichtungen selbst, bleibt bestehen. Die ändert sich nicht.

MACHIAVELLI Geben Sie sich wirklich einer solchen Illusion hin?

Macht und Recht. Machiavelli contra Montesquieu.
Gespräche in der Unterwelt

Victor Klemperer, 1914

Dem einen ist er Politiker, dem anderen Jesuit, dem dritten Philosoph, dem vierten Gottesleugner von Métier, dem fünften Naturwissenschaftler, dem sechsten Nationalökonom, dem siebenten ein Genie der Kritik, das in allen Sätteln gerecht ist, dem achten ein Proteus des Intellekts, dem die geistige Vielseitigkeit durch die Leere des Herzens ermöglicht wird, dem neunten das frivole Weltkind des 18. Jahrhunderts, dem zehnten ein Gedächtniskünstler und Plagiator. – Nur, daß er ein Dichter ist, der Himmel, Erde und Hölle abschreitet und eben deshalb jenes alles in sich umfaßt, ist noch nicht gesagt worden.

Montesquieu

John Maynard Keynes, 1935

Wir haben die Lösung in der Idee gefunden, daß es nicht die Funktion des Zinssatzes ist, die Balance zwischen der Nachfrage und dem Angebot neuer Kapitalgüter herzustellen, sondern die Balance zwischen Nachfrage und Angebot des Geldes [...]. Auf diese Weise knüpfen wir an die Lehrmeinung der alten Nationalökonomen vor dem 19. Jahrhundert an. Die genannte Erkenntnis ist zum Beispiel sehr klar von Montesquieu erkannt worden [...], dem größten französischen Wirtschaftswissenschaftler, den man mit Adam Smith vergleichen muß und der die Physiokraten um Längen überragt durch seinen Scharfsinn, die Klarheit seiner Ideen und seinen gesunden Menschenverstand (Eigenschaften, die jeder gute Ökonom besitzen sollte).

Allgemeine Theorie der Beschäftigung, des Zinses und des Geldes

Roger Caillois, 1949
Um diesem Werk seine volle Bedeutung zu verleihen, war es [für Montesquieu] zunächst erforderlich, die *Perserbriefe* zu schreiben, das heißt für sich persönlich die soziologische Revolution zu vollenden [...]. Soziologische Revolution nenne ich hier die Aktion des Verstandes, sich der Gesellschaft, in der man lebt, wie als ein Fremder gegenüberzustellen, sie wie von außen zu betrachten, als ob man sie zum erstenmal sähe. Wenn man sie dann so untersucht, wie man es mit einer Population von Indern oder Papua machen würde, ist es notwendig, sich davor zu hüten, ihre Verhaltensweisen und Gesetze «natürlich» zu finden.

Montesquieu. Œuvres complètes

Bernhard Groethuysen, 1956
Auf der einen Seite Voltaire: die universale Kritik auf Grund von Wertmaßstäben, die unterschiedslos auf alle anwendbar sind und stets gleich bleiben; auf der andern Seite Montesquieu; die Strukturprinzipien von Gesellschaften, deren Gefüge auf die Erreichung bestimmter Ziele gerichtet ist. Auf der einen Seite das souveräne kritische Gewissen, das sich auf ein einziges Prinzip, das des Rechtes, beruft; auf der anderen, Prinzipien von unbegrenzter Variabilität, deren sich die konstruktive Vernunft bedienen kann, um die Menschen zu kollektiven Einheiten zu gruppieren, deren jede ein anderes Ziel verfolgt.

Philosophie der Französischen Revolution

Louis Althusser, 1959
Durch Montesquieus Weigerung, die politischen Gegebenheiten religiösen oder moralischen Prinzipien zu unterwerfen; durch seine Weigerung ferner, sie den abstrakten Entwürfen des Naturrechts zu unterwerfen, die doch nur verkleidete Werturteile sind – genau hierdurch werden die Vorurteile beseitigt, wird der Königsweg zur Wissenschaft beschritten. Damit beginnen die großen theoretischen Revolutionen bei Montesquieu. Die berühmteste besteht aus zwei Zeilen, die den Begriff der Gesetze definieren: *«Die Gesetze ... sind die notwendigen Beziehungen, die sich aus der Natur der Dinge ergeben.»* Der Theologe, auf den die *Verteidigung* eingeht und der nicht so dumm ist, wie Montesquieu zum Ausdruck bringt, traut seinen Augen nicht: Gesetze wären Beziehungen! Begreift man das?

Montesquieu, La politique et l'histoire

Raymond Aron, 1967
Wenn man mit L. Althusser glaubt, daß die Volkssouveränität und die Gleichheit die politischen Formeln sind, die durch die Revolutionen des 19. und des 20. Jahrhunderts, durch die französische und die russische Revolution, den Sieg davongetragen haben, und wenn man glaubt, daß die Geschichte sich zur

Volkssouveränität und zur Gleichheit hinwendet, so kann man Montesquieu mit Recht als einen Doktrinär des Ancien Régime und in diesem Sinne als einen echten Reaktionär kennzeichnen. Mir scheint jedoch die Frage komplexer zu sein. […] Der wesentliche Inhalt der politischen Philosophie Montesquieus ist […] der Liberalismus. […] Ganz sicher aber hat er die französische Revolution nicht bewußt gewollt. […] Er wäre wohl sehr rasch in die Opposition gegangen und hätte, wie die meisten Liberalen seiner Art, die Wahl zwischen der Emigration, der Guillotine oder der inneren Emigration am Rande der stürmischen Veränderungen durch die französische Revolution gehabt.

Hauptströmungen des soziologischen Denkens. I.

Walter Kuhfuss, 1975

Der extreme Gebrauch der Vernunft ist [nach Montesquieu] für die Menschen ebenso unverträglich wie die Unvernunft. […] Die Wertbegriffe Freiheit, Glück und Tugend werden für Montesquieu erst dadurch zu politischen Begriffen, daß sie gemäßigt werden und Elemente der Gegenposition in sich aufnehmen. […] Wenn also einer Wertvorstellung ein entscheidender Platz im politischen Denken Montesquieus eingeräumt werden soll, dann der Mäßigung selbst.

Mäßigung und Politik

Panajotis Kondylis, 1996

Mithin scheint die allgemeine Physiognomie von Montesquieus Denken durch zwei antithetische Begriffspaare gekennzeichnet zu sein: Das Begriffspaar «Kausales–Normatives» und das Begriffspaar «Konservativismus–Liberalismus bzw. Reformismus». […] Wenn wir die beiden antithetischen Begriffspaare in ihre vier Glieder auflösen und dann jedes dieser vier Glieder mit den übrigen drei korrelieren, so stellt sich heraus, daß die Beziehungen der beiden Glieder des einen Begriffspaares zu den beiden Gliedern des anderen, aber auch zueinander, weder symmetrisch noch univok sind. Mit anderen Worten: jedes Glied hat doppelte Herkunft, doppelten Bezug und doppelte Funktion. Konkreter noch: die Suche nach kausalen Relationen und sozialen Gesetzmäßigkeiten zielt zwar auf die Widerlegung der theologischen Geschichtsauffassung, gleichzeitig dient sie aber dem Nachweis der funktionalen Notwendigkeit – und somit auch der geschichtlichen Rechtfertigung – bestehender Herrschaftsverhältnisse, wodurch dem späteren Gebrauch von Soziologie und Geschichte zur Verteidigung konservativer Positionen gegen die Ansprüche universal-ungeschichtlicher revolutionärer Vernunft der Weg geebnet wird. […] Das Bekenntnis zu Grundwerten des Adels und die wohlwollende Einschätzung von dessen sozialpolitischer Funktion äußern sich nicht einseitig im Plädoyer für die Aufrechterhaltung seiner Privilegien, sondern verbinden sich darüber hinaus mit einem Ideal vom konstitutionellen Gleichgewicht und von der politischen Freiheit, welches, formal aufgefaßt und auf andere geschichtliche Lagen übertragen, einen Liberalismus auf breiterer bzw. nicht mehr aristokratischer sozialer Basis legitimieren könnte.

Montesquieu und der Geist der Gesetze

Bibliographie

1. Bibliographische Hilfsmittel

Cabeen, David: Montesquieu. A bibliography. New York 1947

Desgraves, Louis: Répertoire des ouvrages et des articles sur Montesquieu. Genf 1988

Totok, Wilhelm: Handbuch der Geschichte der Philosophie. Bd. V: Bibliographien 18. und 19. Jahrhundert. Frankfurt a. M. 1986, S. 445–452

2. Werkausgaben

Œuvres complètes. Hg. von Edouard Laboulaye. I–VII. Paris 1875–1879 (Nachdruck Liechtenstein 1972)

Œuvres complètes. Hg. von Roger Caillois. I–II. Paris 1949–1951

Œuvres complètes. Hg. von André Masson. I–III. Paris 1950–1955

Pensées. Le Spicilège. Hg. von Louis Desgraves. Paris 1991

Essai sur le goût. Hg. von Louis Desgraves. Paris 1993

Correspondance complète. Hg. von Louis Desgraves und Edgar Mass. I–III. Oxford (in Vorbereitung)

3. Übersetzungen ins Deutsche

Der Tempel zu Gnidos. Hg. von Garlieb Merkel. Weimar 1800

Geist der Gesetze. Nebst Destutt de Tracy's Commentar und Noten von Helvétius und Voltaire. Hg. v. Adolf Ellissen. Leipzig 1843/44

Betrachtungen über die Universalmonarchie in Europa. Hg. von Hildegard Trescher. Leipzig 1920

Vom Geist der Gesetze. I–II. Hg. von Ernst Forsthoff. Tübingen 1951

Wahrhaftige Geschichte. Hg. von Victor Klemperer. Düsseldorf 1953

Größe und Niedergang Roms. Mit den Randbemerkungen Friedrichs des Großen. Hg. von Lothar Schuckert, Bremen 1958 (erneut Frankfurt a. M. 1980)

Vom Geist der Gesetze. Ausgewählt von Kurt Weigand. Stuttgart 1980

Perserbriefe. Hg. von Jürgen von Stackelberg. Frankfurt a. M. 1988

Vom glücklichen und weisen Leben. Hg. v. Erwein von Aretin. Zürich 1990

Persische Briefe. Hg. von Peter Schunck. Stuttgart 1991

4. Sekundärliteratur

Aron, Raymond: Hauptströmungen soziologischen Denkens. I. Montesquieu, Auguste Comte, Karl Marx, Alexis de Tocqueville. Köln 1971

Althusser, Louis: Montesquieu. La politique et l'histoire. Paris 1959

Baum, John A.: Montesquieu and Social Theory. Oxford 1979

Beyer, Charles Jacques: Nature et valeur dans la philosophie de Montesquieu. Paris 1982

Cadilhon, François: Montesquieu parlementaire, académicien, grand propriétaire bordelais. I–II. Universität von Bordeaux III, 1983

Carcassonne, Elie: Montesquieu et le problème de la constitution française au XVIIIe siècle. Paris 1927 (Reprint Genf 1970)

Clostermeyer, Claus-Peter: Zwei Gesichter der Aufklärung. Spannungslagen in Montesquieus «Esprit des lois». Berlin 1983

Desgraves, Louis: Montesquieu. Frankfurt a. M. 1992

–: Montesquieu 1689–1755. Bordeaux 1994

–: Montesquieu. L'œuvre et la vie. Bordeaux 1995

Dorigny, Marcel: Montesquieu dans la Révolution française. I–IV. Genf 1990 (Nachdruck verschiedener Publikationen 1785–1822)

Ford, Franklin L.: Robe and Sword. The Regrouping of the French Aristocracy after Louis XIV. Cambridge/Mass. 1953

Geffriaud-Rosso, Jeannette: Montesquieu et la féminité. Pisa 1977

Göhring, Martin: Montesquieu. Historismus und moderner Verfassungsstaat. Wiesbaden 1956

Goyard-Fabre, Simone: La philosophie du droit de Montesquieu. Paris 1973

–: Montesquieu adversaire de Hobbes. Paris 1980

–: Montesquieu, la nature, les lois, la liberté. Paris 1993

Groethuysen, Bernhard: Die Entstehung der bürgerlichen Welt- und Lebensanschauung in Frankreich. I–II. Halle 1927, 1930 (Reprint Hildesheim 1973)

–: Philosophie der Französischen Revolution. Darmstadt 1971

Häberle, Peter: Klassikertexte im Verfassungsleben. Berlin, New York 1981

Herdmann, Frank: Montesquieurezeption in Deutschland im 18. und beginnenden 19. Jahrhundert. Hildesheim 1990

Hereth, Michael: Montesquieu zur Einführung. Hamburg 1995

Imboden, Max: Montesquieu und die Lehre von der Gewaltentrennung. Berlin 1959

Joly, Maurice: Macht und Recht. Machiavelli contra Montesquieu. Gespräche in der Unterwelt. Hamburg 1948

Kingston, Rebecca: Montesquieu and the parliament of Bordeaux. Genf 1996

Kondylis, Panayotis: Montesquieu und der Geist der Gesetze. Berlin 1996

Kuhfuss, Walter: Mäßigung und Politik. Studien zur politischen Sprache und Theorie Montesquieus. München 1975

Loewenstein, Karl: Verfassungslehre. Tübingen 1958

Mass, Edgar: Literatur und Zensur in der frühen Aufklärung. Produktion, Distribution und Rezeption der «Lettres persanes». Frankfurt a. M. 1981

Rausch, Heinz (Hg.): Zur heutigen Problematik der Gewaltentrennung. Darmstadt 1969

Rehm, Walter: Der Untergang Roms im abendländischen Denken. Darmstadt 1966
Richter, Melvin: The Political Theory of Montesquieu. Cambridge 1977
Rosso, Corrado: Montesquieu moraliste. Des lois au bonheur. Bordeaux 1971
Schaub, Diana J.: Erotic Liberalism. Women and Revolution in Montesquieu's Persian Letters. Lanham, Md., 1995
Spurlin, Paul M.: Montesquieu in America 1760–1801. New York 1940 (Reprint 1969)
Starobinski, Jean: Montesquieu. Frankfurt a. M. 1990
Struck, Walter: Montesquieu als Politiker. Eine Erläuterung zu den Büchern I–VIII und XI–XII des Geistes der Gesetze. Berlin 1933 (Reprint Vaduz 1965)
Vernière, Paul: Montesquieu et l'Esprit des lois ou la raison impure. Paris 1977
Vierhaus, Rudolf: Montesquieu in Deutschland. Zur Geschichte seiner Wirkung als politischer Schriftsteller im 18. Jahrhundert. In: Collegium Philosophicum. Joachim Ritter zum 60. Geburtstag. Basel 1965, S. 403–437

5. Theaterstücke über Montesquieu und seine Werke

Mercier, Louis-Sébastien: Montesquieu à Marseille. Pièce en trois actes. Lausanne 1784
Pilhes, Joseph: Le bienfait anonyme. Comédie en trois actes en prose. Paris 1784
Dalberg, Wolfgang Heribert Reichsfreiherr von: Montesquieu oder die unbekannte Wohltat. Ein Schauspiel in drei Handlungen. Bearb. nach Mercier. Mannheim 1787
Huber, E. F.: Montesquieu, Emilie, oder der Spieler. Nach dem Französischen. Leipzig 1799
Triaire, Dominique: Les deux persans. D'après les Lettres Persanes de Montesquieu. Montpellier 1992

Namenregister

Die kursiv gesetzten Zahlen bezeichnen die Abbildungen.

Über den Autor

Helmut Stubbe-da Luz, geboren 1950, Dr. phil., Historiker, Philosophielehrer. Lehraufträge an der Universität Hamburg (Sozial- und Wirtschaftsgeschichte), der Universität der Bundeswehr Hamburg (Neuere Geschichte), der Universität Lüneburg (Politische Wissenschaft). 1981 bis 1990 Bezirksabgeordneter in Hamburg. 1994 bis 1997 Lehrer am Deutsch-Französischen Gymnasium in Buc bei Versailles. Buchveröffentlichungen u. a.: mehrere Bände der Reihe «Hamburgische Lebensbilder»; Parteiendiktatur. Die Lüge von der «innerparteilichen Demokratie». Frankfurt a. M., Berlin 1994.

Ulrich Gill gewidmet und Britta

Quellennachweis der Abbildungen

Bibliothèque municipale de Bordeaux: 2, 22, 34, 48, 60, 68 oben, 75, 85, 100
Fotos © Bibliothèque nationale de France, Paris: 6, 11, 28, 49, 51, 66, 71, 76, 80, 81, 104, 107, 108, 109, 117, 124, 127, 133, 134
Eremitage, St. Petersburg: 9
Photo Associated Press, Frankfurt a. M.: 14
Office de Tourisme de Bordeaux: 17 (Foto Thierry Saint Jean, Bordeaux)
Dominique und André Kumurdjian, La Brède: 21, 68 unten
Les amis des Côtes de Buzet. Bulletin semestriel. No. 22, Automne 1974: 23, 29, 91
Archives municipales de Bordeaux: 30
Jean Fantin, Le Crés: 37
Archiv für Kunst und Geschichte, Berlin: 46, 55, 69 unten, 105
Photo Réunion des Musées Nationaux, Paris: 58, 113
© Bildarchiv Preußischer Kulturbesitz, Berlin, 1998: 61
Universitätsbibliothek Basel, Reprophotographie: 73
Aus: Georg Holmsten: Rousseau. Reinbek bei Hamburg 1972: 97
Roger-Viollet, Paris: 119
Privatbesitz: 137